किताब ज़िन्दगी की
Book of Life

किताब ज़िन्दगी की
Book of Life

कृष्ण कन्हैया

वाणी प्रकाशन

वाणी प्रकाशन
4695, 21-ए, दरियागंज, नयी दिल्ली 110 002

शाखा
-अशोक राजपथ, पटना 800 004

फ़ोन: +91 11 23273167 फ़ैक्स: +91 11 23275710

www.vaniprakashan.in
vaniprakashan@gmail.com

KITAB ZINDAGI KI
BOOK OF LIFE
by Krishna Kanhaiya

ISBN : 978-93-5072-306-7
A Collection of Poems

प्रथम संस्करण

मूल्य : ₹ 395

ओम ऑफ़सेट, दिल्ली-110093 में मुद्रित

वाणी प्रकाशन का लोगो मक़बूल फ़िदा हुसेन की कूची से

संसार की समस्त माताओं को समर्पित
जिनका निष्ठा, त्याग, प्रेम जितना
निश्छल है, उतनी ही
उनकी ममता।

आभारी हूँ...

—अपने माँ-बाप का जिनका ऋण है मुझ पर इस दुनिया में लाने का।

—अपने परिवार (के लोगों) का; पत्नी—डॉ. अंजना, पुत्र अक्षत कृष्ण एवं उन्नत कृष्ण जिनके सहयोग के बिना इसका पूरा होना सम्भव नही था।

—डॉ. शम्भु शरण, डॉ. विनोद कुमार सिन्हा, डॉ. कुँअर बेचैन का जिन्होंने अपना बहुमूल्य समय देकर मेरी कविताओं को देखा, परखा और उन पर अपने-अपने विचार व्यक्त किये

—भारत के मित्रों का श्री आनन्द सिन्हा, श्री अंजनी कुमार, डॉ. अजीत पाण्डे, श्री अरविन्द रंजन दास, डॉ. हरनेक सिंह गिल जिन लोगों के रचनात्मक सुझाव शिरोधार्य हैं।

—यू.के. मित्रों का—डॉ. कृष्ण कुमार, श्रीमती चित्रा कुमार, श्री परवेज़ मुज़फ्फर, डॉ. आनन्द कुमार सिन्हा, डॉ. उषा वर्मा, श्री राकेश दूबे, डॉ. तेजेन्द्र शर्मा जिन्होंने मुझे साहित्य की धारा में लाने का काम किया और उत्साहित किया कि मैं अपनी बातें लोगों तक पहुँचाऊँ।

—गीतांजली बहुभाषीय साहित्यिक संस्था और कृति यू.के. सदस्यों का जिनका स्नेह मुझे सदा मिलता रहा।

आमुख

जहाँ तक डॉ. कृष्ण कन्हैया की बात है, इस कृति के प्रकाशन के पूर्व तक उनकी पहचान एक ग़ज़लगो के रूप में थी। इस क्षेत्र में उनकी सफलता और लोकप्रियता का प्रमाण यह है कि बरमिंघम इंग्लैण्ड, एक्सेल रेडियो से उनकी ग़ज़लें प्रसारित होती रहती हैं। वैसे भी वे इंग्लैण्डवासी उर्दू कवियों के बीच काफ़ी चर्चित रहे हैं।

इधर दिल्ली के सुविख्यात वाणी प्रकाशन ने इनकी तिरसठ कविताओं के संग्रह 'किताब ज़िन्दगी की' को प्रकाशित करने के प्रति रुचि और उत्साह दिखाया है जिनकी कविताओं में विकास से सम्बन्धित आँकड़े बाज़ी, बाहुबलियों द्वारा शोषण और पुलिसिया ज़्यादती जैसी सामाजिक और राजनीतिक स्थितियों की वास्तविकता को उजागर किया गया है। सबसे बड़ी बात यह है कि कवि के पास अपनी दृष्टि है जो सर्वथा मौलिक और नवीन है। अपनी दृष्टि की इसी नवीनता के कारण डॉ. कृष्ण कन्हैया की पहचान सचमुच एक ऐसे तेज़-तर्रार आधुनिक कवि के रूप में होती है जो कविता के द्वार पर ज़बर्दस्त दस्तक देता दिखायी पड़ता है। 'किताब ज़िन्दगी की' की कविताओं में पर्याप्त विषय-वैविध्य है। बचपन से मृत्यु और धरती से अन्तरिक्ष तक पर कवि की दृष्टि है। आज की वास्तविकता और पैसे की सार्थकता की जैसी पहचान डॉ. कृष्ण कन्हैया के पास है, उससे उनकी चिन्तन-शक्ति और अनुभव की परिपक्वता (सर्वत्र) झलकती है। कहा जा सकता है कि 'किताब ज़िन्दगी की' की कविताओं में कवि की सामाजिक चिन्ता के साथ उनका चिंतक रूप भी सर्वत्र जाग्रत है। 'ज़मीन' और 'चंदामामा' जैसी कविताओं में कवि की देशभक्ति और मिट्टी के प्रति आसक्ति उसे बहुत ऊँचा उठा देती है। 'खुदकुशी' जैसी कविता में संतों की जीवनमृतक- दृष्टि है जिसकी ज्वाला में काम, क्रोध, मोह, लोभ, मद और मत्सर खुदकुशी की मुद्रा में आ जाते हैं।

जब-जब किसी सत्कवि में सम्प्रेषण के प्रति बेचैनी होती है, अलंकार उसकी सहायता के लिए दौड़ पड़ते हैं। साक्षरता की वास्तविक पहचान औरों के लिए चाहे कठिन हो पर डॉ. कृष्ण कन्हैया जैसे कवि के लिए नहीं। रूपक के सहारे वे अपनी बात अपने पाठकों तक सहज ही सम्प्रेषित कर देते हैं—

Forward-I

Dr. Krishna Kanhaiya, a surgeon by profession, is one of those rare talents whose love for the mother tongue and the motherland have flowered in a thousands different poems and ghazals, immensely popular among the NRIs of England. The repeated recital of these at Excel Radio (Birmingham) bears evidence to his popularity.

It is a welcome move of the well-known Vani Prakashan to bring out a collection of some of his outstanding poems in free verse where in a language, lucid and luminous, and a tone, brave and straight forward, he underlines the ironies of the private and public domains: all ears and eyes to whatever is happing in India, he focuses on the false development models, criminal-rage, police atrocities and other political anomalous on one hand and the philosophic moorings woven around life, love, childhood, sayings of the saints, loaded concepts like patriotism etc. on the other.

साक्षरता
मस्तिष्क के पटल पर
जिज्ञासा की क़लम
और
विवेक की स्याही से
उत्साही उँगलियों द्वारा
दानिशमन्दी से साक्षात्कार
करने का नाम है!—साक्षरता

जिज्ञासा की क़लम और विवेक की स्याही के अपरिचित रूपकों के आकार बनानेवाला क्रियारूप साधर्म्य सार्थक कर देता है। इसी तरह 'उत्थान' के उत्थान की वास्तविकता उसके मिथ्यात्व से उजागर हो उठती है। इसके लिए कवि पहले उसके मिथ्या रूप को रखता है—

उत्थान
तकनीकी विकास का महज़
काग़ज़ीकरण तो नहीं
उपग्रह को अन्तरिक्ष में प्रत्यारोपित कर
विश्वव्यापी काग़ज़ी दम्भ भरकर
चक्रवात की त्रासदी से हुए
हज़ारों मासूमों की मौत को
कहाँ रोक पाए तुम!—उत्थान

यहाँ कवि की काकुमूलावक्रोक्ति से भारत सरकार की प्रगति और विकास सम्बन्धी वास्तविकता सहज ही उजागर हो जाती है। अन्तिम पंक्ति के अन्त का विस्मयादिसूचक चिह्न भी बहुत व्यंजक है। तात्पर्य यह है कि कवि के वर्ण और शब्द ही नहीं, उसके विराम चिह्न तक मुखर हैं।

आशा है, इस काव्यकृति के माध्यम से डॉ. कृष्ण कन्हैया की पहचान हिन्दी के उन आधुनिक कवियों में होगी जो वस्तु और शिल्प, दृष्टि की नवीनता और चिन्तनशीलता सभी दृष्टियों से हिन्दी-कविता को निरन्तर समृद्ध कर रहे हैं। एवमस्तु!

—डॉ. शंभुशरण, पूर्व युनिवर्सिटी प्रोफेसर
मगध विश्वविद्यालय, बिहार, भारत

Metaphor is his favourite figure of speech and his hold on diction is strong. His concern for the motherland and hard-hitting oven-fresh images have a gravitational pulls on their own.

Dr. Shambhu Saran,
Ex Union Professor
Magdh University, Bihar,

आंचलिकता, अनुभूतियों और संवेदनशीलता की त्रिवेणी–'किताब ज़िन्दगी की'

शेली ने कहा था–'ऑवर स्वीटेस्ट सौंग्स आर दोज़-दैट टेल अस ऑफ़ ऑवर सैडेस्ट थौटस'। हिन्दी में जहाँ करुणा की प्रतिमूर्ति महादेवी ने कहा है–संवेदना में जन्म, करुणा में मिला आवास' वही राष्ट्रकवि मैथिली शरण गुप्त ने वेदना को 'अभाव की आत्मजा' कहा है।

इस प्रकार यह निर्विवाद सत्य है कि संवेदना से ही साहित्य का–विशेषकर काव्य का जन्म होता है। परन्तु निजी संवेदनाओं तक सीमित रहने वाला कवि अपने जीवन काल में ही कालकवलित हो जाता है। अपनी निजता से ऊपर उठकर व्यष्टि से समष्टि की तरफ जाकर, सम्पूर्ण मानवता के प्रति संवेदनशील होकर जो रचना की जाती है-वह अमर होता है, कालजयी होती है।

डॉ. कृष्ण कन्हैया की कविताएँ भी 'स्वयं' से ऊपर होकर निजी दुःख-सुख से ऊपर उठकर सामाजिक और मानवीय संवेदनाओं से ओतप्रोत है जो किसी कविता के 'अमर' होने के प्राथमिक लक्षण हैं। किसी ने कहा है–'ज़िन्दगी की बात क्या है ज़िन्दगी है ज़िन्दगी, खिल गई तो सुबह है, ढल गई तो शाम है'। डॉ. कृष्ण कन्हैया ने अपनी पुस्तक 'किताब ज़िन्दगी की' में कई तरह से ज़िन्दगी का विश्लेषण किया है। ज़िन्दगी बचपन से प्रारंभ होती है और इसके क्षण बड़े सुखदायक होते हैं. इसमें न भेद-भाव, न चिन्ता, न लोभ। बस प्यार ही प्यार है, आनन्द-ही-आनन्द है। कवि ने अपने आनन्दपूर्ण क्षणों का वर्णन करते हुए ईश्वर से प्रार्थना की है–'मुझको मेरा बचपन दे दे, मन को वही लड़कपन दे दे।' इस कविता में वात्सल्य है, माँ का मनुहार है, अबोध मन की परिभाषा है जिसमें कहा गया है कि बालापन का धन अदभुत है। कवि अपने तमाम भौतिक सुखों का त्याग करना चाहता है और कहता है–'सारा धन-संसार तू ले ले पर बचपन के सुख वे दे दे।' ज़िन्दगी जब आगे बढ़ती है तो बचपन बीत जाने पर कवि को महसूस होता है–'ज़िन्दगी एक दौड़ है, बैसाखी पर चलने की लाचारी नहीं'।

Forward-II

A Confluence of Regional Flavour, Intense Feelings and Sensitivity

'Our sweetest songs are those/that tell us of our saddest thoughts', said shelly and Mahadevi Verma, mother poet of pathos reiterated the same feeling in other words, "Born in sorrow, housed in pathos." Rashtrakavi Maithilly Sharan Gupta calls sorrow "the daughter of depravity."

All good poems are rooted in some kind of sorrow - personal sorrow graduating into intense sympathy for the fellow-sufferers of this entrust, unkind, uncouth world. Some poems of Dr. Krishana Kanhaiya are rooted in his childhood memoirs woven around mother, rural landscape, friends and socio-political dreams of Nehruvian era, the later ones offer an outspoken critique of the present socio-political scenarios of the devocalized India. His philosophical reflection on life and death have different glow about them.

डॉ. कृष्ण कन्हैया जीव-विज्ञान के छात्र थे, एक सफल शल्य-चिकित्सक हैं परन्तु एक सफल गणितज्ञ की तरह ज़िन्दगी का गणित समझाते हैं और कहते हैं कि—ज़िन्दगी एक खुले आईने का सच है, जिसे देखनेवाला तभी समझ सकता है जब उसके सीने में आर्यभट्ट की निगाहें हों, जिसमें लंबित ज़िन्दगी के अंक के बाद, ज़्यादा शून्य लगाकर मान बढ़ाने का जज़्बा...वास्तव में विश्व को 9 से अधिक गिनती आती भी नहीं थी। भारत ने ही विश्व को शून्य और दशमलव का ज्ञान बतलाया, मान और प्रतिमान समझाया।

फिर कवि ज़िन्दगी को एक बंद किताब के रूप में परिभाषित करता है—'ज़िन्दगी एक बंद किताब है। जिसे खोलने की कोशिश तब सही है जब इसके पन्नों को दोनों तरफ़ से पढ़ा जाए'। ज़िन्दगी को सैद्धान्तिक नहीं—व्यावहारिक बनाना होगा—तभी कुशलता की इमारत खड़ी होगी। तभी तो कवि कहते हैं—'ज़िन्दगी सिर्फ काग़ज़ों पर जीना नहीं होता, उसके लिए व्यावहारिक ज्ञान और रेखांकित प्रयास की ज़रूरत होती है।'

हर जीवन की मौत होती है—तो मौत से डरना क्या। राष्ट्रकवि दिनकर ने भी कहा था...'तुम स्वयं मरण के मुख पर चरण धरो रे, जीना है तो मरने से नहीं डरो रे'। डॉ. कृष्ण कन्हैया ने तो कल्पना की है, कि मौत की भी तो कभी मौत होगी—ओ मौत! क्या तुम्हें मौत आ पाएगी। अगर तुम्हें मौत आयी। तो मौत किसे आ पाएगी!'

कवि ने कल, आज और कल को अपनी चन्द पंक्तियों में समेट लिया है—'अपने आज को। बीते हुए कल के दख़ल और आने वाले कल के असर से। कहीं दूर हटाना होगा।'

भारत एक कृषि प्रधान देश है. इसकी दो-तिहाई आबादी कृषि पर निर्भर है परन्तु देश का सबसे ग़रीब, अभावग्रस्त तथा उपेक्षित वर्ग कृषकों का ही है। कवि से यह अछूता कैसे रह सकता है। तभी तो कवि कहते हैं. 'देश की दो तिहाई आबादी। ज़िन्दगी जिनकी सीधी-सादी। वह गाँव में रहती है। सब दुःख-दर्द सहती है। और देती है सौ करोड़ों पेटों को निवाला। पर कहाँ है देश की अर्थव्यवस्था पर उनका बोल-बाला।'

आज देश में एक तरफ़ भौतिक विकास हो रहा है, वैज्ञानिक चमत्कार हो रहा है तो दूसरी तरफ नैतिक मूल्यों का ह्रास हो रहा है—संप्रदाय, जाति, वर्ग के नाम पर भारत विखंडित हो रहा है, राजनीतिज्ञ अपने स्वार्थ की रोटी सेंकने के लिए तरह-तरह की उलझनें पैदा कर रहे हैं। ऐसे हालात में चाँद पर जाने से क्या लाभ जबकि वहाँ भी इस जगत के मानव ही जाने वाले हैं जो धर्म-सम्प्रदाय, जाति-वर्ग के नाम पर विभाजित हैं। कवि कहते हैं—'माँ! मुझे चन्दा-मामा के पास मत भेज। वहाँ अब आदमी बसने वाले हैं।...लोग नाम से पहले जात पूछेंगे। अपने मतलब की बात पूछेंगे। जितना अपने भले की सोचेंगे। उससे ज़्यादा दूसरों के बुरे की सोचेंगे।

Nostalgia is a means of cultural reassertion in his cases. The fragrance of everyday life at his native village Belahi Neelkanth is still fresh in his sensuous images and words from the local dialect, so very different to retain in translation, give his milieu the aura of authenticity, comparable to that of Shivpoojan Sahay, Ramvriksha Benipuri, Phaneshwernathh Renu, Nagarjun and other major writers from Bihar.

Towards the end of the book he challenges his own profession surgery: "Your tall claims of putting limbs together can it synthesize the two halves of Jarasandh's body/cut apart? In these lines and in every other poem the glory of Indian

महात्मा गाँधी ने आज़ादी के कुछ ही दिनों बाद कहा था कि भारत में तब तक सच्चा स्वराज्य नहीं आयेगा जबतक देश का अन्तिम व्यक्ति तक प्रगति महसूस न करे। बाद में हमारी सरकार ने 'फ्रॉम टू दी लास्ट' के सिद्धान्त पर 'अन्त्योदय-योजना' का प्रारम्भ किया। 'अन्त्योदय—अर्थात् अन्तिम व्यक्ति—सबसे उपेक्षित व्यक्ति का उदय और सम्मान। क्या महात्मा गाँधी का सपना साकार हुआ? आज साठ वर्षों बाद डॉ. कृष्ण कन्हैया भी पूछ रहे हैं. 'उत्थान, तकनीकी विकास का महज़ काग़ज़ीकरण तो नहीं।' फिर महात्मा गाँधी के शब्दों में ही उत्तर देते हैं—'उत्थान, सच में। ज़मीन से लगे हुए लोगों की। सर्वांगीण प्रगति का नाम है, न कि आकाश में विचरण करने का।'

डॉ. कृष्ण कन्हैया भारत से दूर इंग्लैण्ड में सफल चिकित्सक हैं परन्तु अभी भी बिहार के एक छोटे से ग्राम बेलाही नीलकंठ की सौंधी सुगंध से ओत-प्रोत हैं जो उनका पुश्तैनी गाँव है और उन्होंने सिद्ध कर दिया है कि--जननी जन्मभूमिश्च, स्वर्गादपि गरीयसी।' गाँव से इतनी दूर रहकर भी ग्रामीण शब्दों का, आंचलिक शब्दों को अपनी काव्यमाला में गूँथना, अपनी संस्कृति में घुल-मिल जाना है, रच बस जाना है। 'मुन्नी माँड़ की जगह दूध पी सकेगी', 'टायर की पुरानी एक चप्पल ख़रीदेगा', 'फटी बिवाईवाले पाँव', 'कादो भरी पगडंडी से निकाल कर', 'बैलगाड़ियों की घण्टियाँ टुन-टुन बजती है' 'खलिहान में जौ के बराबर', 'डोला-पत्ता, लुक्का-छिप्पी, एक्कट-दुक्कट, गहना-गोटी', आदि पंक्तियाँ ग्रामीण आंचलिकता की याद दिलाती हैं जिसके लिए सर्वश्री शिवपूजन सहाय, रामवृक्ष बेनीपुरी, फणीश्वरनाथ रेणु, नागार्जुन आदि बिहार की साहित्य विभूतियाँ महत्त्वपूर्ण हैं।

पुस्तक के अन्त में कवि ने अपनी शल्य-क्रिया को भी चुनौती दी है। कवि कहते हैं—'कटे हाथ-पैर जोड़ने का दंभ तो भरते हो पर जरासंध के अलग-अलग दो टुकड़े शरीर को जोड़ सकते हो'! इन पंक्तियों में शल्य चिकित्सा उन्नीस हो जाती है भारतीयता का इतिहास और साहित्य बीस हो जाता है—प्रबल हो जाता है

इस प्रकार डॉ. कृष्ण कन्हैया अनुभूति से अभिव्यक्ति तक की काव्ययात्रा में प्रभावी रूप के साथ कल्पना का विनियोग करते हैं। इस काव्य-सृजन के मूल में कवि की संवेदनशीलता प्रमुख है। इसी संवेदनशीलता के कारण कवि ज़िन्दगी से जुड़ता है और किताब से भी जुड़ता है। यह सच है कि ज़िन्दगी से जुड़ी इस तरह की जीवंत कविताएँ निश्छल ग्राम्य-संस्कृति के बिना सम्भव नहीं। आंचलिक शब्द-राशि', गहनतम अनुभूतियाँ और भारतीय संवेदनशीलता की त्रिवेणी है—'किताब ज़िन्दगी की'। ईश्वर से प्रार्थना है कि डॉ. कृष्ण कन्हैया की क़लम परवान चढ़े और ज़िन्दगी के सूक्ष्मातिसूक्ष्म अंकन में वे वैसे ही सिद्धहस्त कवि हों जैसे सिद्धहस्त शल्य-चिकित्सक हैं।

— डॉ. विनोद कुमार सिन्हा

साहित्यालंकार,

निबन्धकार, कहानीकार एवं समीक्षक

history outweighs modern lifestyle instigated by the West.

Dr. Krishana Kanhaiya is a poet of ground realities. May his sensitive portrayals and biting comment underline him as a major poet of our language?

Dr. Vinod Kumar Sinha
Sahityalankar, PH.D.
Essayist, Short story writer and Critic

बात के बहाने

उस दिन अहले सुबह डॉ. सुकुमार आ धमके और उन्होंने मुझसे कहा—'मैं शोध कर रहा हूँ कि गधों में भी सुख-दुःख की अनुभूति होती है'। मैंने कहा—'देख रही हूँ'। आगे मैंने उनसे कहा कि अनुभूति, कम या अधिक, जीव-मात्र का धर्म है। जो अपनी अनुभूतियों को कविता के माध्यम से दूसरों तक पहुँचा दे उसे कवि कहते हैं और जो नहीं पहुँचा सके, वह कम-से-कम पाठक और अधिक से अधिक पट्ठा हो सकता है। कवि केवल अपने बारे में ही नहीं सोचता, लोक के बारे में भी सोचता है। उसकी चिन्ता पूरे समाज की चिन्ता होती है। अगर आपके भेजे में यह बात नहीं अँटती तो डॉ. कृष्ण कन्हैया की 'किताब ज़िन्दगी की' कविताएँ पढ़िए। उन्होंने कहा कि पढ़ी हैं पर उनकी कविताएँ नये ढंग की हैं। मैंने उनसे कहा कि प्राचीन काव्य दृष्टि और नवीन काव्य दृष्टि में रात और दिन का, ज़मीन और आसमान का अन्तर होता है। मुझे लगा कि उन घोंघा वसन्त की रुचि कविता की नहीं है। मैंने उन्हें बिना स्नैक्स के चालू चाय पिला कर चलता कर दिया।

अपने पति डॉ. कृष्ण कन्हैया की कविताओं के बारे में मुझे कुछ नहीं कहना चाहिए। पर इतना अवश्य कहना चाहूँगी कि कविता की भरपूर संवेदना इनमें है। समाज में फैले भ्रष्टाचार, अन्याय, अत्याचार, कथनी-करनी का अन्तर एवं उसकी विसंगतियों से ये आन्दोलित, क्षुब्ध और उद्विग्न हो जाया करते हैं। माँ के प्रति इनकी निष्ठा और कृतज्ञता असीम है। संसार में कहीं भी, किसी भी माँ की अनदेखी व अवहेलना इन्हें विचलित कर देती है जो एक माँ के रूप में मैंने भी महसूस किया है। एक शल्य-चिकित्सक होकर इतने अच्छे ढंग से अभिव्यक्त कर लेते हैं, यह कम तारीफ़ की बात नहीं। सबसे बड़ी बात है इनकी कविताओं के विचारों की समाज-सापेक्षता और आशावादिता। इनकी कविताओं का स्वर रचनात्मक है, ध्वंसात्मक नहीं। यह इनकी कविताओं का शुभ पक्ष है। मेरी मान्यता है कि कविता का प्राण प्रभावशाली अभिव्यक्ति है, अलंकार-फलंकार तो बाहरी बातें हैं, पेट-भरुआ कवियों की कला-साधना के साधन मात्र। जला आदमी तो बोलेगा अगर वह कवि-मिज़ाज का होगा तो वह हिलेगा, उसकी क़लम हिलेगी और अपनी काव्यात्मक

By the Way

Early morning that day Dr. Sukumar buzzed in and said, "I am working on a project to prove that even donkeys are sensitive towards pleasure and pain". I smiled, "I can see that.... All creatures, great and small, have soft spots... isn't it? Those who reach their emotions to others are poets and those who can't, end up being readers or pleaders. A poet rises above himself and his subjectivity is all-inclusive. His anxiety is representational. His care and concern for the wider world is comprehensive. Read Krishna Kanhaiya's poems and see for yourself". "But his poems are of the new order", he hesitated. Pushing a tray of tea without snacks towards him, I concluded my dialogue with him, "Poetry of the newer mould and the old are poles apart from each other..." I had realized already that the foolhardy had no taste for poetry.

Dr. Krishna Kanhaiya is my husband. It would be vain on my part to speak volumes about his poetry, but this at least I must admit that I have known him as a very sensitive and refined human being who is keenly upset my the corrupt practices of the world.

Hypocrisies upset him and whatever he says, he says with passion and conviction. His great social concern and optimism keep us all inspired. He is basically a very creative and well meaning person and his poems speak for his tender heart. The simplicity of his expression goes straight to the heart. He

अनुभूतियों की प्रभावशाली अभिव्यक्ति से वह पूरे समाज को हिलाकर रख देगा। यही उसके काव्य की ध्वनि होगी। डॉ. कृष्ण कन्हैया एक शल्य-चिकित्सक हैं, किन्तु एक साधक कवि भी जिनकी काव्य-साधना अनवरत चल रही है। आशा है, एक दिन वह ऊँचे मुक़ाम पर पहुँचेगी।

तथास्तु।

– अंजना सिन्हा

has conviction and candour, both. Figures of speech are external glories for poetry. It is the spirit that sets the dialogue of souls on. He is an excellent surgeon. And he is sure to excel as a poet too.

God bless.

Anjana Sinha

मेरी क़लम से...

मैं अपनी कविताओं की भूमिका नहीं बाँधूँगा, मुझे आती भी नहीं। क्योंकि मैं साहित्य का विद्यार्थी नहीं था, विज्ञान पढ़ता था। फिर चिकित्सा-विज्ञान पढ़ने लगा। पर अप्रत्यक्ष रूप से साहित्य कब मेरे साथ चलने लगा, इसका पता तब चला जब अनायास ही मेरे दिल के उदगार पन्नों पर उतरने लगे। बचपन में छिटपुट तुकबन्दी करता था—कभी परिवार तो कभी आस-पास की एक-दो छिटपुट घटनाओं पर, जिसमें यथार्थ कम और व्यंग्य ज़्यादा होता था। धीरे-धीरे यह घर की चारदीवारी से निकल कर पड़ोस, समाज और गाँव-क़स्बों से होता हुआ राज्य, राष्ट्र और विश्व की नब्ज़ें टटोलने लगा। ज़रूर ही उम्र की संवेदना और परिपक्वता का प्रभाव रहा होगा।

अपने मित्रों का शुक्रगुज़ार हूँ—वो चाहे बाल्यावस्था के साथी हों, स्कूल के सहपाठी या फिर कॉलेज की चाण्डाल-चौकड़ी के हों, वे सारे मेरे श्रोता हुआ करते थे और आलोचक भी। मैं आभारी हूँ उनका जिन्होंने इस साहित्यिक बीज को सराहा, सँवारा और असमय सूखने से बचाया। अपने एक स्कूली शिक्षक स्वर्गीय मेहँदी हसन का उल्लेख विशेष रूप से करूँगा। थे तो वो ड्रॉइंग टीचर पर साहित्य की ग़ज़ब पकड़ थी उनमें। अज़ीमाबाद के मशहूर ग़ज़लगो मोहम्मद हसन 'बिसमिल' के सुपुत्र जो थे। मैं अपनी कविताएँ और ग़ज़लें उन्हें सुनाया करता था और वो इस्सलाह करते थे। हिन्दी के जानकारों के साथ जुड़ने का सिलसिला यहाँ इंग्लैण्ड आने के बाद भी ज़ारी रहा। मैं उन लोगों का आभार प्रकट करता हूँ जिन्होंने मुझे प्रोत्साहित किया कि मैं यू.के. के कवि-सम्मेलन में स्थानीय और भारतीय कवियों के समक्ष अपनी कविताएँ रख सकूँ।

मैं अपने आसपास की सामाजिक विसंगतियों, चारित्रिक ह्रास और व्यवस्थायी विकृतियों को देखकर उद्विग्न हो जाया करता था और जब तक उन्हें काग़ज़ के पन्नों पर समेट नही लेता, चैन नहीं मिलता था। शुरु में यह यदा-क़दा होता था पर नियमित रूप से लिखने का सिलसिला मेडिकल कॉलेज में आने के बाद शुरु हुआ जो अब तक ज़ारी है। अपनी संस्कृति का गर्व, अपने संस्कार की गरिमा, अपने गाँव की शुद्ध सौंधी खुशबू और अपनी मातृभूमि से अनवरत लगाव विदेश आने के बाद अन्तरात्मा को कुछ ज़्यादा ही उद्वेलित करने लगा था। पाश्चात्य संस्कृति और परिवेश भी एक प्रमुख कारण रहा होगा इस तुलनात्मक दृष्टि का, जो मेरी अब की कविताओं में स्पष्ट रूप से दृष्टिगोचर होता है। भारत महाद्वीप की चिन्ता और वहाँ की समस्याओं को कभी निकाल कहाँ पाया खुद से। इन कविताओं में मैंने अपनी

FROM MY OWN PEN

I don't want to beat about the bush, I can't. It's beyond me. As a student of medicine, I traveled along literature but discovered my friends and poetic inclinations only when my family members started taking my offhand sarcastic remarks seriously, my remarks on the odds against which I saw my neighbourhood and wider society struggling hard. Sensitive to the anomalies of life I definitely was.

I have always been grateful to my school and college friends who kept me inspired. They responded well to my poetic outpours and even deciphered and criticized it. They alone are responsible for nourishing my poetic talent and not letting it dry up. My drawing teacher, late Menhdi Hassan, had a rich literary sensitivity. His father, Mohammed Hassan was a famous ghazalgo of Ajeemabad. He encouraged and shaped up my early ghazals. He stands tall in my memory.

My anger against the anomalies of characters, administration and management took me to pen and paper. Pen and paper gave me a therapeutic release. After college, when I came

संवेदनाओं को ज़िन्दगी के यथार्थ से जोड़ा है जैसे घर में बसे सजीव-निर्जीव लोग, गाँव-परिवार की रोज़ाना की बातें, समाज का विकृत चरित्र, राज्य-देश की ज्वलंत समस्याएँ और इन सब से जूझती जाति-धर्म की बदतर हालतें। उम्मीद है इन सभी मुद्दों ने आपका ध्यान ज़रूर आकर्षित किया होगा और आगे भी मेरा यह प्रयास अनवरत ज़ारी रहेगा। अपने देश की सर्वधर्म सम-भाव के प्रति जो कटिबद्धता है वह बुद्धिजीवियों के मुसलसल योगदान से और भी ज़्यादा मुखर होता है। अपना एक शेर इसी भावना के मातहत कहना चाहूँगा—

रंग दे या रब हमें उन रंगों में
ईद होली सब कहे यह मेरा है।

ज़िन्दगी की सबसे प्रमुख कड़ी होती है—अवस्था, जिसको जानने-समझने का जितना मौक़ा मिले वह उतनी ही अच्छी बात कहलाती है। बचपन निकल जाता है अठखेलिओं में, किशोरावस्था की ज़िंदगी सँवारने में, जवानी पारिवारिक ज़िम्मेदारिओं में तो वृद्धावस्था परेशानियों में। आदमी हर अवस्था में किसी न किसी तरह से ज़िन्दगी से जुड़ा ही रहना चाहता है तो क्यों न इसे एक सौग़ात की तरह लिया जाए और इसमें विशेषताएँ ढूँढी जाए—

ज़िन्दगी गर तुमको सौग़ात है
कुछ न कुछ तो उसमें भी बात है

दूसरी बात है रिश्तों का मूल्य। व्यक्ति, परिवार और समाज से रिश्तों के दृढ़ बन्धन से बँधा होता है पर इन सब की धुरी में होती हैं—माँ। और इस धुरी का मज़बूत और सुदृढ़ होना स्वस्थ परिवार और समाज के लिए महत्त्वपूर्ण ही नहीं, नितान्त आवश्यक भी है। दुनिया में कहीं, कभी और किसी भी माँ की तौहीन व उपेक्षा सर्वप्रथम तो होनी ही नहीं चाहिए और दुर्भाग्यवश हो भी जाए तो कदापि बर्दाश्त नहीं होनी चाहिए। मेरी कविताओं में, जहाँ भी माँ के चरित्र का उल्लेख है, पाठकों को इस निष्ठा का सन्देश ज़रूर मिलेगा।

मेरी इस काव्य-सृष्टि का उद्देश्य लोगों को आज की वास्तविकता से अवगत कराना मात्र ही नहीं वरन् उनको जागृत और आन्दोलित करना भी है, ताकि स्वस्थ समाज और राष्ट्र के निर्माण में आज के व्यक्ति का सक्रिय योगदान हो और साथ-साथ समसामयिक विषयों पर उसकी तीखी नज़र भी।

मैं अपना यह कविता-संग्रह अपनी इन पंक्तियों के साथ समस्त संसार की माँओं को समर्पित करता हूँ...

उसके साथ अल्ला की दुआएँ होती हैं,
जीवन संग खुशनुमां फिज़ाएँ होती हैं।
उन्हें और कुछ भी नहीं चाहिए रब,
उनके पास सब है जिनकी माँएँ होती हैं ॥

—डॉ. कृष्ण कन्हैया

to England, my nostalgia and my pride of Indian culture got reiterated in verse. A comparative study of cultures and a will to establish a meaningful cultural dialogue became my mission, my anxiety for the political disarray and socio-economic crises back home also kept me perturbed.

I have always treasured relationships and at the epi-centre of relationships stands Ma. I have always hailed motherhood high. I dedicate my book to great human values Ma stands for :

With her lie the prayers of Allah
With her the pleasant ambience
They do not want anything else, God
Who have mothers as a blissful presence?

Krishna Kanhaiya

डॉ. कृष्ण कन्हैया की कविताएँ विश्व-मानव की नब्ज़ टटोलने वाली कविताएँ हैं

मुझे एक कवि-सम्मेलन में साईं बाबा की एक तस्वीर मिली जो आयोजकों ने मुझे प्रतीक चिह्न के रूप में भेंट की थी। तस्वीर की ख़ासियत यह है कि उसमें बराबर-बराबर साईं बाबा के सात चेहरे बने हुए हैं किन्तु किसी एक चेहरे को एकटक, बिना पलक झपके कुछ देर देखने पर और सारे चेहरे पीछे चले जाते हैं और एक चेहरा साईं बाबा के पूरे आकार के साथ आगे चला आता है जो बहुत ही भव्य और चित्ताकर्षक है। ध्यान लगाने की क्रिया का एक रूप और एक साधन यह भी है। एकाग्रता को लाने का यह प्यारा और निराला ढंग भी कहा जा सकता है।

मुझे लगा कि किसी कवि की कृति भी साईं बाबा के इसी चित्र की तरह है। उसकी अनेक कविताएँ कवि के अलग-अलग चेहरों की प्रतिकृति ही होती है। किन्तु इन सभी कविताओं को ध्यान से देखने पर कवि का कोई एक चेहरा ही साफ़ तौर से उभरकर आता है जो उसका मूल व्यक्तित्व होता है। डॉ. कृष्ण कन्हैया की इस पुस्तक 'किताब ज़िन्दगी की' में भी यही बात है। संख्या की दृष्टि से इस संग्रह में कुल 63 कविताएँ हैं जो अलग-अलग विषयों और अलग-अलग रंग की हैं, किन्तु जो सबसे महत्त्वपूर्ण बात है वह है यह कि इनमें डॉ. कृष्ण कन्हैया का जो एक प्रमुख चेहरा उभरकर आता है वह है उनकी मानवीय संवेदनशीलता का। वे पेशे से डॉक्टर हैं, किन्तु स्वभाव से कवि हैं। डॉक्टर रोगी के शरीर से शारीरिक रोगों को दूर करके उसे स्वस्थ करता है तो कवि मानसिक रूप से पाठक या श्रोता को आनंदित करते हुए उसे स्वस्थ करता है। दोनों कार्यों में एक चीज़ की समानता का होना ज़रूरी लगता है और वह है—कवि और डॉक्टर दोनों में संवेदनशीलता का होना। डॉक्टर यदि रोगी के प्रति संवेदनशील नहीं है तो क्या ख़ाक इलाज करेगा? इसी प्रकार यदि कवि में संवेदनशीलता नहीं है तो उसकी कविता केवल वाग्जाल बनकर रह जायेगी। संवेदना तन और मन दोनों ओर चलकर ही व्यक्ति को 'नॉरमल' करती है, उसे स्वस्थ करती है और यदि वह पहले से ही स्वस्थ है तो उसके अच्छे स्वास्थ्य को स्थिर रखती

Dr. Krishna Kanhaiya penned poems are soul-searching type : Dr. Kunwar Bechain

Or

Poems by Dr. Krishna Kanhaiya are soul-searching type : Dr. Kunwar Bechain

I was privileged to attend a poetry recital function where the organizers offered me a picture of Sai Baba as a memento Salience of this picture is that it has seven facets of Sai Baba, all of same dimension, but once you rivet your attention to any one of them the rest recedes in the oblivion. Gradually the focused one zooms-in, attaining the full form. That is simply divine and is sure to mesmerize the beholder. I mean this could be a good and effective way to meditation. Call it, if you please, an easy way to concentration (trance). May be it's a strange way!

I felt as if any verse of a muse (poet) is quite like the said picture. His poems galore are lime his various visages but an intent look at all of them bears him out in true colour that can be called his mettle, his persona. The same can be said of Dr. Krishna Kanhaiya's work 'Kitab Zindagi Ki'. Touching upon various subjects and showing myriad hues this 'Kitab...' has in all 63 poems. But what strikes you most is the sensitivity aspect of the poet that seems interwoven seamlessly all through this work. By profession a doctor Krishna Kanhaiya is a poet at heart. A doctor relieves his patient of his physical ailments while a poet soothes listeners frayed nerves through a delightful poetic journey. So one common strand is to be found in both the cases. That is sensibility. And that must be there in a doctor and the poet as well. What can a doctor do without sensibility? And devoid

है। डॉ. कृष्ण कन्हैया की कविताएँ सच्चे अर्थों में विश्व-मानव की नब्ज़ को टटोलकर, उसके रोग की पहचान करके, पूरी संवेदनशीलता के साथ उसकी औषधि और उपचार को 'प्रैसक्राइव' करती है।

हम सभी जानते हैं कि चेहरा कोई सपाट चीज़ नहीं हैं। उसमें नैन-नक़्श भी उभरे होते हैं। चेहरे पर आँखें हैं, नासिका है, होठ हैं, कान हैं और है मस्तिष्क। इन सभी का होना ही किसी पूरे चेहरे की व्याख्या है। किन्तु चेहरा हमारे मन के भावों को अभिव्यक्त करता है, हमारी सोच का प्रतिबिम्ब या दर्पण होता है वह। चेहरा अगर मन से न जुड़े तो वह गर्दन पर रखा जड़ मांस-पिण्ड ही है। भाव ही चेहरे को अलग-अलग अनुभाव प्रदान करते हैं। मन में जो कुछ है उसे आँखें बता देती है, मन में जो भाव उठें उसे होठों द्वारा अभिव्यक्ति मिलती है। आँखों का काम 'देखना' है किन्तु मन 'दृष्टिकोण' निर्मित करता है।...और जो होंठ हैं, इसी दृष्टिकोण को अभिव्यक्त करते हैं। कान केवल सुनते हैं किन्तु सुनने के बाद, सुनी हुई बात को तो मन ही विश्लेषित करता है और इस प्रकार सुनी हुई बातों से भी एक दृष्टिकोण बनता है। मन में क्रूरता है तो चेहरे पर भी विकरालता या क्रूरता आ जाती है। मन में यदि करुणा है, शान्ति है, प्रेम है तो चेहरे पर 'अहोभाव' प्रकट होता है। कवि की कविताओं में से कवि का जो चेहरा उभरकर आता है उसमें भी यही बात है। कवि की संवेदनशीलता ही वह तत्त्व है जो उसके दृष्टिकोण को निर्मित करते हुए उसके वास्तविक चेहरे को उभारती है। सच पूछा जाए तो कवि की कविताएँ कवि के संवेदनशील मन की ही वह लकीरें हैं जो उसके काव्य-व्यक्तित्व के चेहरे को व्याख्यायित करती हैं। इसीलिए मैं बार-बार यह कहना चाहता हूँ कि कवि की कविताओं में कवि का वास्तविक चेहरा होता है जिसे कविताओं को ध्यान से देखने पर पहचाना जा सकता है।

डॉ. कृष्ण कन्हैया अपनी कविताओं में अपने इसी मानवीय चेहरे को व्याख्यायित करते हैं। उनकी कविताओं में उन जीवन-मूल्यों को सुरक्षित रखे रहने की छटपटाहट है जो मनुष्य को मनुष्य बनाए रखते हैं। मनुष्य को मनुष्य बनाए रखने में सबसे बड़ा सहयोग होता है ममत्व का। ममत्व ही व्यक्त को व्यक्ति की हित-चेतना से बाँधता है। डॉ. कृष्ण कन्हैया इस तथ्य को अच्छी प्रकार समझते है इसीलिए उन्होंने इस पुस्तक को 'संसार की समस्त माताओं को समर्पित किया है जिनकी निष्ठा, त्याग, प्रेम जितना निश्छल है, उतनी ही उनकी ममता।' यह समर्पण ही कवि के इस काव्य-संग्रह के चेहरे का वह मूल भाव है जिसमें कवि स्वयं आकण्ठ डूबा है, तभी तो वह एक कविता में यह कहता है–

उसके साथ अल्ला की दुआएँ होती हैं
जीवन संग खुशनुमां फिज़ाएँ होती हैं

of sensibility a poet's work can at best be jugglery of words. The same sensibility, if found in body and soul both, helps a man lead a 'normal' life; attain health; and if already healthy maintain the same for good. Dr. Krishna Kanhaiya's poems are, in true sense, up to soul searching of a cosmopolitan man. Purpose of this is to identify the ailment and 'prescribe' the medicine and treatment.

We all know that face is not a flat character. There are literally so many projections like nose; and then there are eyes. nostrils, lips and the brain. Presence of all these qualify a face to be called so. Even the old adage says; Face is the index of mind. It reflects what we think. But if this mirror of mind is absolutely detached from the soul it's no more than dead mass of flesh atop ones neck. In fact it's the feelings that render myriad experiences to the face. Eyes say it all what brain perceive. Lips too serve to play the pent-up feelings. Prime concern of eyes is to 'see' whereas self develops a 'point of view'. And the lips let out the same 'point of view'. Ears stand to hear but the same self once again forms the 'opinion' based on as analysis of what the former heard. A cruel mind can't help exhibiting the ferocity on the face. Similarly if one is full of love and affection and is pacific the face would reflect 'sympathy.' This is equally applicable to the face that gets manifested in poems of a poet. Sensibility of a poet is heart of the matter that highlights his true colour while shaping up his viewpoint. Honestly, verses of a poet are the lines of his sensible self that further delineate his poetic-personality. Therefore I would like to assert it time and again that a poet's true mettle can be ascertained by a careful study of the assortment of his poems, not by just flipping through the pages.

The poet has taken care to express this humane aspect in his poems. One can feel a desperate attempt to keep intact those values of life that keep human beings as human beings. In fact this requires first and foremost the motherly affection. It's the affection that binds one to another's welfare. And the poet fairly understands this. That's why he has dedicated this piece

उन्हें और कुछ भी नहीं चाहिए रब
उनके पास सब है जिनकी माँएँ होती हैं

इसीलिए वे कविता की पंक्तियों से अलग 'मेरी कलम से' शीर्षक में दिये गये अपने वक्तव्य में कहते भी हैं. 'दुनिया में कहीं, कभी और किसी भी माँ की तौहीन व उपेक्षा सर्वप्रथम तो होनी ही नहीं चाहिए और दुर्भाग्यवश हो भी जाए तो कदापि बर्दाश्त नहीं होनी चाहिए।'

यह सच है कि जब तक हम माँ को, उसके व्यक्तित्व को, उसकी तस्वीर को आस्था के साथ अपने सम्मुख रखते हैं तबतक स्वयं को बालक समझते रहते हैं और बालक बने रहने का अर्थ ही सच्चे बने रहना, मनुष्य बने रहना है। ममत्व को महत्त्व देना ही संवेदना का प्रथम बिन्दु है। बालक बने रहना ही मानव को मानव बनाए रखने का प्रथम संकल्प है। उम्र बढ़ने पर तो यह हुआ–

बढ़ती उम्र से फ़र्क़ आ गया, ऊँच-नीच का तर्क आ गया
चाह नहीं है यह सब मुझको, रास नहीं आता यह हमको
मुझको मेरा बचपन दे-दे, मन को वही लड़कपन दे-दे!

क्योंकि 'पहली हिचकी बालापन की, माँ की चिन्ता इस उलझन की'

माँ परिवार का सबसे महत्त्वपूर्ण घटक है और इस महत्त्वपूर्ण घटक को सर्वाधिक महत्त्व देने के कारण डॉ. कृष्ण कन्हैया ने पारिवारिक जीवन मूल्यों की रक्षा की है और वह भी उस वक़्त जब पूरे विश्व में रिश्तों का विघटन हो रहा है। रिश्ते संक्रमण काल से गुज़र रहे हैं। परिवार से समाज तक विसंगतियाँ उभर रही हैं। यही कारण है कि कवि पूरी तरह जागरूक रहकर कह रहा है–'तस्वीरें, इस कलियुगी दौर में विकृत होती जा रही हैं। मसलन व्यक्ति वहशी हो गये हैं। जातियों का ध्रुवीकरण हो गया है...'

'क्या इसी समाज की परिकल्पना
राम, कृष्ण, नानक और बुद्ध ने की थी–
जिसमें हर शहर, हर गाँव में
एक न एक अँगुलिमाल पले-बढ़े
आपके अस्तित्व के साथ-साथ
आप भी भेंट चढ़ें।'

पूरे समाज में साधारण प्राणी को बड़ी कठिनाइयों और परीक्षाओं से गुज़रना पड़ रहा है। सचमुच...

...सदियों से पिसता है एक सामान्य प्राणी,
भेड़-बकरियों सा कटता है एक सामान्य प्राणी

to 'All the mothers' of this world' who are as unblemished as their affection is.' This dedication is the motto of this anthology in which the poet himself is thoroughly drenched. Therefore in one of his poem he says :

Blessed are those by the Almighty
Life for whom is a genteel breeze
Need nothing they, O God
Who have mother on their side

In the same vein Dr. Kanhaiya, besides the lines of his verses, states in the write-up titled 'Meri Kalam Se' : 'In the first place mother's pride must not be looked down upon and if at all she is disgraced unfortunately it must not be overlooked.'

So long we keep our mother, her integrity, at pedestal we feel ourselves full of child like verve. And being a child in itself means being innocent, and thus a human being. Thus underling motherly affection is where lies the milk of human kindness. Keeping the child in you alive is the utmost commitment towards remaining a human being. But what happens with the advancing age is given as : has the banyan tree, symbolic of the decadent traditions, whose roots run a risk of getting buttressed on a barren land. The poet is in a hurry to save the situation.

...In the poem called 'Os ki Boond' dew drops are said to have fallen from the eyes of messiah and are termed as expression of agony of the helpless and dejected people. Same is the underlying feeling of the poem called 'Estemal' wherein a telling comment is heard on exploitation of a poor fellow for furthering ones employment or journalism. While revealing the darker side of the wick in a poem titled 'Baati ki Vyatha' the poet has successfully related the saga of struggle of the earthen pot, oil and the said cotton wick. What is highlighted is the fact that solitary effort can't bring light. It's a team effort rather. That is an outcome of sacrifice and struggle.

Dr. Krishna Kanhaiya's poems are indeed thought provoking. If 'Madari Ki Akanskhaein' portrays callousness and recklessness

जीने की घास चरता है सामान्य प्राणी
बिना वजह मरता है सामान्य प्राणी

फिर भी, कवि पूरी निष्ठा और विश्वास के साथ आशावादी दृष्टिकोण लिए जागरूक रहने को कहता है...

अब तुम्हें जागरुकता का आग़ाज़ करना होगा
तुम निरीह नहीं हो, बस यह एहसास करना होगा
जिसमें हर आम आदमी होगा एक समाज
तुम्हें सफलता ज़रूर मिलेगी
और तब कही हसीन होगा
अपना यह आज!

आज की सदी अर्थ-प्रधानता की सदी है। आदमी पैसे के पीछे भाग रहा है। चाहे कैसे भी आये, बस उसके पास पैसा आना चाहिए। यह सच है कि आज विश्व की ऊर्ध्वगामी अर्थ-व्यवस्था के कारण आदमी का जीवन-स्तर कुछ ऊँचा उठा है किन्तु यह भी सच है कि अर्थ-मोह के कारण जीवन-मूल्य नीचे गिरे हैं। इस पैसे की कामना ने मनुष्य को मनुष्य नहीं रहने दिया है। वैसे भी, यह दौड़ आख़िर कब तक और कहाँ तक चलेगी। कवि भी इस सम्बन्ध में अनेक प्रश्न उठाकर उसका सही निष्कर्ष निकालता है...

...पैसा तब सही है।
जब तन को सुख दे
तन का दुःख ले
न कि
अपनी आडम्बरी तासीर से
तन-मन का सुख-चैन ले !

पैसा ही आदमी को 'करप्ट' करता है। चारित्रिक पतन के कारण भी दो ही हैं...या तो पैसे का अभाव होना या पैसे का बहुतायत में होना। कवि व्यक्ति और सामाजिक-पतन का दोष अन्य कारकों पर मढ़ता है...

चरित्र!
तेरे पतन में
सिर्फ आधुनिक हवा का ही दोष नहीं
बल्कि,
वैचारिक अनैतिकता, अपरिपक्व व्यावहारिकता
दोहरी मानसिकता, सामाजिक लोलुपता
और भविष्य की अनिश्चितता जैसे
रोग भी उसमें शामिल है।....

or 'Sarakari Tarntra', 'Vidambana' has a symobolic presentation, full of ire, of the dire consequences of war in these words :

'What a strange thing a war is
What's victory for one
Is death knoll for millions!'

Similarly if 'Vidhan' portrays the plight of those who like a trunk bear flowers and fruits but themselves take all what is left as god's will, 'Tasveer' paints the haplessness of fair sex, while keeping them at centre. Look at these words :

'Ever struck with the thought
How the portrait feels
Sandwiched between sides...'
...Spare a moment for the portrait
Stuffed between layers of glass
And which
Is being shifted from house to house
From room to room
Now on this wall, then on another
Going up and down
Whoever wanted whenever
Hung it on a nail
And took it off
On ones whims!'

The poet discovers life even out of dead materials. That's what is the inner urge for writing such poems that seem fountainhead of milk of human kindness. If 'Maut' is about ghastliness of death 'Lalak' is full of hard reality of life. 'Life is a race/Not the compulsion of walking on the crutches.' These words are pregnant with a fair understanding of meaningful life. And the electromotive force of this race is expressed as: 'Our present/ Must shake off/ The hang-over of the day gone bye/ And must be shorn off the worry of the day to come/And with the help of what's on card today/We've to win over the day.' The poet takes the pain to paint the positive vibe even in the greatest of depression. That's why in the poem titled 'Ehsaan'

इस प्रकार डॉ. कृष्ण कन्हैया ने विभिन्न विषय पर कविताएँ लिखी हैं और साथ-साथ अनेक प्रश्नों के समाधान भी दिये हैं। 'साक्षरता' कविता में साक्षरता को इस रूप में स्पष्ट किया है...'वह तो'—मस्तिष्क के पटल पर। जिज्ञासा की कलम...विवेक की स्याही से...उत्साही उंगलियों द्वारा...दानिशमन्दी से साक्षात्कार...करने का नाम है!' इसी प्रकार 'उत्थान' के कविता में—'उत्थान सच में—ज़मीन से लगे हुए लोगों की—सर्वांगीण प्रगति का नाम है।' कहकर आम आदमी को उत्थान के बिन्दु तक लाने की वक़ालत कवि ने की है। 'समझौता' कविता में तरह-तरह के समझौतों की विवशता को अभिव्यक्त किया है, 'पेड़ बरगद का' कविता में बरगद को प्रतीक बनाकर अपनी परम्पराओं की गहरी जड़ों को बंजर धरती अर्थात् निष्क्रियता के चंगुल से बचाने का संकेत किया है। 'ओस की बूँदें' कविता में ओस की बूँदों को फरिश्तों की आँख से गिरे आँसू बताकर विवश और निस्सहाय लोगों की पीड़ा की अभिव्यक्ति की है तो 'इस्तेमाल' कविता में भी किसी की निरीहता और ग़रीबी का रोज़गार या पत्रकारिता के लिए इस्तेमाल करने पर करारा व्यंग्य किया गया है। 'बाती की व्यथा' कविता में कवि ज्योति के पीछे छुपी हुई दास्तान को उजागर करते हुए यह स्पष्ट किया है कि इसमें मिट्टी, तेल और रूई की संघर्ष-गाथा भी जुड़ी है। प्रकाश अकेले नहीं होता वरन् सहयोग से ही हो पाता है। वह संघर्ष और त्याग की कहानी का प्रतिफल है।

सचमुच, डॉ. कृष्ण कन्हैया की कविताएँ हमें बहुत कुछ सोचने को मजबूर करती है। यदि 'मदारी की आकांक्षाएँ' कविता में कवि ने 'सरकारी तन्त्र' की संवेदनहीनता और निरंकुशता पर व्यंग्य किया है तो 'बिडम्बना' में प्रतीकात्मक रूप में युद्ध की विभीषिका पर क्षोभ व्यक्त करते हुए यह कहा है...

'जंग भी एक अजूबा है—
हज़ारों की मौत
और एक की फतह!'

इसी प्रकार यदि 'विधान' कविता में उन लोगों की विवशता का ज़िक्र है जो पेड़ के तनों की तरह अपनों को पत्तियाँ और फूल-फल देते हैं, किन्तु स्वयं बचे हुआ रस और उच्छिष्ट को ग्रहण करने को विधि का विधान बताते हैं, तो 'तस्वीर' कविता में निरीह प्राणी नारी को केन्द्र में रखकर उसकी विवशताओं को इस प्रकार चित्रित किया है...

'कभी सोचा है...
उस तस्वीर की व्यथा को
जिसे आगे-पीछे से दबोच रखा गया हो...

किताब ज़िन्दगी की : 34

he has this to say :

... Each and every stage of life
Had to offer something or' the other
Sorrow while in childhood
Fret and fume in youth
Dissatisfaction in old age
What else
Is required for this life?

'Khudkushi' has been given a philosophical overtone. It's an attempt to suicide for ones inner urges. So it's rather 'khud-khushi' (happily hanging ones self). Underlining the nature of 'eagle' and other birds in the poem called 'Vivashata' even human compulsions are indicated. 'Banjar Zameen' is about struggle of die-aard efforts. 'Achchai' is another good reading that portrays not the variation but the *volte face* that 'Achchai' i.e. goodness has made. 'Phool aur Kanta' carries symbol of flowers and thorns wherein the latter seems basking in pleasant sun. In fact even its utility is underlined, albeit with a good twist : 'Comes handy this/While taking out thorn of the flesh!'

All the differences creeped in while I majored
Neither do I nurture this Nor has it appealed
Get back my childhood and the verve I always adored

As 'the first hiccups of adolescence gets a mother all entangled'.

Mother is literally the most 'vital' link (umbilical chord) of a family. The poet knows it fully well. He is out to keep such values integrated when the world is in the throes of disintegration of the same. Affiliations are constantly undergoing changes. Right from the family to the society anomalies are cropping up. This why the poet, with all agility, holds that "Pictures get defaced in this cut-throat world/For/Men have taken a beastly turn/And the races polarized."

...Is this the society
Krishna, Nanak and Budha perceived?

...कभी उस तस्वीर की सोच
जो शीशे की परतों के बीच क़ैद है
और जिसे...
इस घर से उस घर में,
इस कमरे से उस कमरे में,
इस दीवार से उस दीवार पर,
कभी ऊपर तो कभी नीचे
जिसने जब चाहा उसे
खूँटी पर लगा दिया
और मन चाहा तो उसे
खूँटी से उतार लिया।'

कवि जड़ पदार्थों में भी चेतना को ढूँढ लेता है और इसी कारण वह ऐसी कविताएँ लिख पाया है जिनमें संवेदना की सरिता उमड़ती दिखाई देती है। 'मौत' कविता में यदि कवि ने मृत्यु की भयावहता का ज़िक्र किया है तो 'ललक' कविता में ज़िन्दगी की सचाई। 'ज़िन्दगी एक दौड़ है। बैसाखी पर चलने की लाचारी नहीं।'—कहकर सार्थक जीवन की समझ दी है। और ज़िन्दगी की इस दौड़ में विजयी होने का मन्त्र यह है.. 'अपने आज को, बीते हुए कल के दख़ल, और आने वाले कल के असर से, कहीं दूर हटना होगा, और इस आज के सहारे, अपने आप में जीना होगा।' यही नहीं कवि ने जीवन जीने की कला में नकारात्मक स्थितियों में सकारात्मक सोच को भी शामिल किया है, तभी तो 'एहसान' कविता में यह कह सका—

...हर अवस्था में
कुछ न कुछ
मिला ही तो है—
बालपन में अवसाद
जवानी में संताप
बुढ़ापे में असंतोष
और
जीने के लिए चाहिए ही क्या!

'खुदकुशी' कविता को दार्शनिक मोड़ देकर मन को मारने को ही उस खुदकुशी की संज्ञा दी है जो खुदकुशी न होकर 'खुदखुशी' है। 'विवशता' कविता में बाज और दूसरे परिन्दों की प्रकृति को रेखांकित करते हुए मानवीय विवशताओं की ओर भी

Where each town and every village
Housed one or the other Angulimal
And along with your 'self,
You too got hanged!

In fact today mere mortals suffer the most. For sure:

Mere mortals get crushed through the ages
like herds (goats and sheeps) always live on edges
For survival the poor soul somehow grazes
Die uncalled for the fellow, down the ages

But then there is a silver lining and that prompts the muse to enthuse all of us in the following words :

Herald you the new dawn
Know you! No more the same hapless creature!
That you would be a society yourself
Success is sure to come
And every moment would be rosy!

It's a true materialistic era. People are hankering after money. There has to be money, in fact plenty of it, by hook or by crook. True, today's upward mobile economy has raised the standard of life. But is there any denying that due to the shooting up economy values of life have come crashing down. Honestly, in the lust of lucre people have lost humanity. But after all how far and how long would this mad rush continue? After grappling with such issues the poet at last has this to say :

Money matters
So long it soothes the body
And eases off the mortal anguish
No if
It comes with all trappings
To robe us off our ease!

Money, like the proverbial power, 'corrupts'. There are two reasons why a person has moral downfall. One, the poor soul is literally poor. Secondly the poor soul is filthy rich.

But the poet rues other factors that cause personal as well

संकेत किया है। 'बंजर ज़मीन' में प्रयासों की संघर्ष-गाथा है और 'अच्छाई' कविता में अच्छाई की परिभाषा के बदले हुए ही नहीं वरन् विपरीत रूप को दर्शाया गया है। 'फूल और काँटा' में फूल और काँटे को प्रतीक बनाकर काँटे को अधिक सकून में दिखाया गया है और उसकी उपयोगिता को भी रेखांकित किया गया है क्योंकि उसका 'इस्तेमाल, काँटों को निकालने में होता है।'

'मनुष्य' कविता में कवि ने आज के उस मनुष्य के रूप को व्यक्त किया है जो–'कुत्ते-सा खीसें निपोड़ना, गिरगिट-सा रंग बदलना, कौवे की चतुराई, शेर की गुर्राहट, बगुले की भगतलीला, गीदड़ की भभकी, बन्दर की घुड़की, लोमड़ी का सयानापन, या सियार का दलबदलूपन।'–इन सारी विशेषताओं में दुनिया के सारे जन्तुओं से काफ़ी आगे निकल गया है।

'स्वभिमान' कविता में स्वाभिमान और अहंकार के भेद को स्पष्ट किया गया है तो 'ताली' कविता में दोनों हाथों से बजने वाली ताली को एक-दूसरे से जोड़ने वाली ध्वनि कहा है। 'अरमान' कविता में बड़े लोगों द्वारा किसी छोटी-सी बात पर दिल का दरवाजा न खोलने की बात कही गई है। 'आयाम' में ज़िन्दगी को उद्देश्यपूर्ण बनाने के लिए–'अतीत से सीखो, वर्त्तमान में जियो और भविष्य की सार्थकता को ज़रूर सोचो' की शिक्षा दी गई है। इसी प्रकार 'सीखने के ढंग' कविता में विभिन्न स्रोतों से ज्ञान अर्जित करने की बात कही गई है। 'ज़िन्दगी का गणित' में भी दिलों को जोड़ने तथा दुश्मनी घटाने की बात कही है। इसी प्रकार 'ज़िन्दगी के पहलू' में कवि ने यह कहा है–

ज़िन्दगी एक बंद किताब है
जिसे खोलने की कोशिश तब सही है
जब इसके पन्नों को दोनों तरफ़ से पढ़ा जाए।

साफ है कि जीवन में यदि सुख है तो दुःख भी है, रोशनी है तो अंधेरा भी है, पुण्य है तो पाप भी है।...यही जीवन के पन्नों को दोनों तरफ़ से पढ़े जाने की प्रक्रिया है।

'समाज' कविता में कवि ने व्यक्ति के वहशी होने, जातियों के ध्रुवीकरण, अपहरण के राजनीतीकरण और लूटपाट के आधुनिकीकरण की ओर संकेत किया है। कवि ने 'आस्था' कविता में आस्था और अंधविश्वास का फ़र्क़ बताने का प्रयास किया है तो 'क्षोभ' में क्षोभ को इस रूप में व्याख्यायित किया गया है–क्षोभ महज़ एक ऊपरी संवेदना नहीं, आन्तरिक व्यथा है।

कवि की 'चंदामामा' कविता बड़ी व्यंजक है जिसमें एक पुत्र माँ से उसे चंदामामा के पास भेजने से इसलिए मना कर रहा है क्योंकि चन्द्रमा पर जहाँ मनुष्य बसने वाला है, वहाँ भी मनुष्यों में गोरे-काले, ऊँच-नीच, मर्द-औरत, बेटे-बेटियों में

as social downfall :

Character!
Your fall
For which modernity alone isn't the culprit;
Is indeed
Brought by moral deprivation, immature surrealism
Double standard, social lust
And then the great mirage lying ahead!

Dr. Krishna has penned poems on varied subjects. Alongside he has attempted to give plausible solutions the gaping questions galore. In a poem called 'Saksharta' he has revealed literacy in these words : *That's/Indeed a soul-searching/ Being done by a doyen/ With enthused fingers/On the mental horizon/By a curious pen/full of ink of conscience.* Similarly the verse titled 'Uthaan' tries to find it's real meaning in such words :'*Upliftment worth its salt/In true sense/ Is overall upliftment of/Those mere mortals.* I mean this is how he has rooted for the upliftment of a common man. 'Smajhauta' is the poem that sieves 'n' number of compelling compromises out of this society. 'Ped Bargad Ka' In 'Manushya' the poet has portrayed the form of a man who : 'Grins like dog/Changes colour like chameleon/Has cleverness of a crow/Purrs like a tiger/Has sham gameplan of the crane/fake ferocity of a fox/Hoaxness of a monkey/Wisdom of a jackal/Or shifting loyalty of a fox.' In fact a man beats all such beasts in this act of sham.

'Swabhiman' is the poem that has shown the thin demarcation line between self respect and ego. In the poem 'Taali' clapping is said to be the sound that is produced by both the hands. 'Arman' says of how tough guys don't dance. 'Aayam' underlines the lines below to make life meaningful : 'Learn from the past/Live in the present/And of course think of a meaningful future.' Similarly 'Seekhance Ke Dhang' talks about acquiring knowledge from whatever sources. 'Zindagi ka Ganit' too ponders over binding hearts and reducing animosity. And in 'Zindagi Ke Pahalu' the poet holds :

'Life is a closed book

विभाजित समाज ही मिलेगा।

'बड़प्पन' कविता में बड़प्पन तभी कहा जाए, जब छोटी लकीर को लाँछित करने के बजाय उसके सामने बड़ी लकीर खींची जाए। 'क्षितिज' में मिलन की बात है तो 'चौखट' में उसके महत्त्व को दर्शाते हुए उसकी नियति की ओर भी संकेत है—'पर बदले में तुझे मिला क्या, बुहारन की भेंट से शुरुआत तेरी ज़िन्दगी, आते-जाते जूतों की सौग़ात तेरी ज़िन्दगी!' 'बारिश' कविता में आँसुओं की बारिश को आमन्त्रित किया गया है तो 'झूठ' कविता में यह संकेत है कि 'सारे देश मे सिर्फ यही राग होगा, झूठ की किरणों से अनुराग होगा।' इसी प्रकार 'व्यथा' कविता में बुराई के व्यंजन को सबसे उत्तम व्यंजन बता कर आज की सम्पूर्ण व्यवस्था पर करारा व्यंग्य किया गया है। इसी बात को 'कहावत' कविता में भी रेखांकित किया गया है।

कवि ने आज के परिवेश में जो कोलाहल है उससे आक्रान्त होकर 'सन्नाटा' कविता लिखी है जिसमें वह चाहता है कि वह ऐसा पेड़ रोपे जिसमें—

सुगबुगाहट के अँकुर फूटे
सुरसुराहट के पौधे आये
आहट का पेड़ खड़ा हो
आवाज़ की कोंपलें आएँ
और सुरीली धुनें निकलें, गूँजें।

'सम्बन्ध' कविता में उस स्थिति का निरूपण है जिसमें सन्देह जन्म लेने लगे हैं और सम्बन्धों में वे दरार उत्पन्न कर रहे हैं। इसी प्रकार 'मुखौटा' कविता में भी आज के आदमी के बनावटीपन पर टिप्पणी की गई है। यही कारण है कि 'साँप' कविता में कवि ने आज के आदमी को साँप का मुखौटा कहा है। 'रक्षक' कविता में भी उन लोगों पर व्यंग्य किया गया है जो रक्षक के रूप में भक्षक बने हुए हैं।

कवि ने अपनी अनेक कविताओं में रूपकों का बढ़िया प्रयोग किया है। 'दोस्ती' कविता में एक ऐसा ही सांगरूपक है...

उसे (दोस्ती को)
विकसित फलदायक
पौधा बनाना है
तो उसे सौहार्द की धरती पर बोओ
सद्व्यवहारों की नमी
प्रेम की धूप
और उदारता की हवा दो।

'कुर्सी' कविता में कुर्सी के कई रूपों को दर्शाते हुए कवि ने सियासत की

Pages of which should be open
Only if they can be read both sides.'

Life has its share of ups and downs. If light is there how can darkness be far behind? If pious act is there sin too is could be another facel. This is how pages from life must be read both ways.

'Samaj' is a poem that tells of bestiality of human being, polarization of castes, politicization of abduction and the alarming trend of loot. 'Astha' delineates the distinction between faith and superstitions while in 'Kshobh' it is expressed as : 'Kshobh isn't merely a frayed sensitivity/It's indeed deep down.'

'Chandamama' is quite an interesting piece in which a son asks his mother not to send him to the moon anticipating that even moon, that's going to be 'populated' soon, would be a divisive ground along lines of caste and creed, white and black, lowly and highly, male-female, son-daughter, etc.

'Badappan' i.e. large heartedness in true sense is what when one tries to draw a big line after smaller one. 'Horizon' talks of a union. 'Chaukhat' has its meaning signified while at the same time it's destiny is defined in theses words : 'What a life you have/That starts with dusty deposit/Trampled down by shoes all day long/What after all you have in return!' 'Barish' heralds a downpour of tears while in 'jhooth' it is indicated that soon the nation would sing the same song 'o lovely rays of falsehood.' In the same vein 'Vyanjan' talks of the recipe of backbiting as the most sumptuous which is indeed a telling comment on the day's truth. The same gets underlined even in the poem 'Kahawat'.

'Sannata' is penned against the backdrop of the din that pervades every moment today. How dearly he wishes to plant a sapling that has :

'Lively movement of Germination
Plant breaking through upward
Rustling of the same is heard
And then there are budding sound
That is melodious and echoing through!'

कुर्सी की लीला को बड़ी ही विचित्र लीला बताया है, 'सियासत की कुर्सी की लीला विचित्र है। जहाँ कुर्सी सिर के ऊपर बैठती है अपनी ऊँचाई पर हरदम ऐंठती है।' 'दो तिहाई आबादी' कविता में गाँव की दुर्दशा का चित्रण किया गया है। 'घड़ी' कविता में कवि ने इस कविता को एक दार्शनिक मोड़ देते हुए कहा है–

घड़ी की टिक-टिक सुनाकर
घड़ी के उस क़दम के आगे जाकर
अगर तुम एक और क़दम बढ़ा सको,
तो क्षण को समय के चंगुल से निकाल सकोगे
अपनी फ़ौलादी मुट्ठी में दबा सकोगे
तभी समय की सही पहचान होगी,
वह घड़ी सचमुच मूल्यवान होगी!

'ज़मीन' कविता में कवि व्यक्ति की आस्था को ज़मीन से जुड़े रहने की बात करता है क्योंकि उसका विश्वास है–'ज़मीनी दायरे में सब उसके मित्र है, निश्छल ज़मीन का सुंदर चरित्र है...चाहे ज़मीन से ऊपर उड़ने की बात हो या ज़मीन में गड़ने की, ज़मीन से जुड़े होने की बात हो या ज़मीन पर उतरने की!

'क़ाबिलीयत' कविता में भी कवि का दृष्टिकोण साफ़ है। वह जानता है कि उसकी 'अहमियत रेलगाड़ी के छुक-छुक की तरह एक नियमित ताल है, जिसके साथ लोग अपनी धुनें गुनगुनाते हैं...क्योंकि जानते हैं सब, मेरे बगैऱ इन सुरमालाओं की, कितनी सतही अहमियत है और वास्तव में यही मेरी क़ाबिलीयत है!'

'तरंग' कविता को व्यक्ति की आन्तरिक तरंगों से जोड़कर लिखा गया है। इसी प्रकार 'सड़क' कविता में जनता को वह सड़क बताया गया है जिस पर सभी अपनी राजनीति चलाते हैं और उसकी व्यथा-कथा की उपेक्षा करते हैं। 'सवाल' कविता में देश के परिवेश से जुड़े हुए उस सवाल को उछाला गया है जो हमारी पुरानी रूढ़ियों और अतीत के गुणगान में वर्त्तमान को व्यथित रखता है। 'स्वार्थ' कविता में जीवन के हर क्षेत्र में व्याप्त स्वार्थ की बात कही गई है और वर्त्तमान व्यवस्था पर यह वाक्य चस्पा किया गया है–'दूसरों के लिए निःस्वार्थ हित की खुशबू,अपने फ़ायदे की वादियों में, कहीं खो गयी है!'

डॉ. कृष्ण कन्हैया विज्ञान के विद्यार्थी रहे हैं फिर भी आधुनिक विज्ञान को पुराने विज्ञान के मुक़ाबले बौना मानते हुए 'आधुनिकता' कविता में सशक्त टिप्पणियाँ करते हैं। 'प्रकृति' कविता में कवि कहता है–

ज़ेहन का विस्तार
मेरी संस्कृति में है

किताब ज़िन्दगी की : 42

'Sambandh' speaks of the scenario in which suspicion crops driving wedges in near and dear ones. Similarly 'Mukhauta' takes a dig at the relation people frequently fake today. And this is why the poet has declared people in the guise of snake in the poem titled 'Snake', 'Rakshak' underlines the characters who in guise of a savior devour those under his protection.

The poet has aptly and so beautifully used personification in several of his poems. Sample this in 'Dosti.'

'If you wish to cherish him (friendship)
like a developed
Fruit bearing plant
Plant him on a plane of harmony
Nurture in moistness
Allow the sun-shower
And let the air come from all sides.'

'Kursi' highlights the strange ways of polities while showing various facets of this coveted seat called chair. 'Strange are the ways of politics/Where the powerful seat goes over head/And always struts at it's height.' 'Do Tihai' laments the fate of villages. The poet has given a philosophical touch to a watch in his 'Ghadi.'

'After you hear the tick-tick
If you surpass it's minute hands
Ahead even by a step
Then only you would take time out it's eternal course
To really keep a tab on time
That's when you would know the real value of time
And that moment would be great'.

The poet urges a man to keep his faith attached to the earth in 'Zameen'. As he himself has the faith: 'In its surrounding all are near and dear ones/This is the beautiful character of this earth... Be it a matter of taking off/Or getting buried/Be it remaining attached to the ground/Or getting down to the earth.'

Even in 'Kabiliyat' the poet's point of view is crystal clear. He knows that his 'Importance is the sonorous sound of a train chugging/Along which all keeps humming...For know all this/That

न कि संकुचित व्यक्तित्व
मेरी प्रकृति में है!

और यही कारण है कि कवि अपनी कविता 'अरमान के आँसू' में सारी नकारात्मक स्थितियों में भी आशावादी बनकर यह कह उठता है–

बावजूद इसके–
मेरे आँसू
एक नई उम्मीद लिए
पलकों की किश्ती पर
आँखों के सागर में
तैरना चाहते हैं
दूर तक जाना चाहते है,
वजह के साथ जीना चाहते हैं!

सच पूछा जाए तो डॉ. कृष्ण कन्हैया के इस संग्रह के प्रत्येक शब्द उनकी आँखों से छलके वे आँसू हैं जो दूर तक जाना चाहते हैं और किसी वज़ह के साथ जीना चाहतो हैं। जीवन केवल जन्म लेकर मर जाने का नाम नहीं है, वरन् जन्म से मृत्यु तक जीने की सार्थकता का नाम है। साहित्य का चरम उद्देश्य भी यही है कि उसका प्रत्येक शब्द जीवन को सार्थकता दे। कवि की यह कृति इस अर्थ में एक सार्थक कृति है क्योंकि स्वयं कवि भी यथार्थ में आदर्श का रास्ता ढूँढ रहा है और पाठकों को भी इसी महत्कार्य के लिए आमंत्रित कर रहा है। आदर्श का रास्ता ढूँढ़ने का अर्थ है संवेदना की तलाश और उसे मानवता को समर्पित करने का संकल्प। कवि इस सन्देश को देने में सफल हुआ है। जहाँ तक कवि के इस संग्रह की भाषा तथा कलात्मक विशेषताओं का सवाल है वे सब सशक्त माध्यम मानकर आए हैं। कवि ने 'फ्री वर्स' शैली का इस्तेमाल किया है किन्तु उसमें एक अनोखी अन्तरलय विद्यमान रहती है जो अतुकान्त होते हुए भी भाव और अर्थ को एक सुन्दर व्यवस्था देती चलती है और अपने अर्थ-सम्प्रेषण में सफल होती है। जगह-जगह पर सुन्दर प्रतीक भी आए हैं तथा अनेक स्थलों पर रूपकों तथा सुन्दर साँगरूपकों का गठन भी हुआ है जो हमारे सामने चित्र-सा बना देते हैं और भाव चश्मदीद होने लगते हैं। कई कविताएँ बोधकथा और लघुकथा शैली में हैं जिनमें कविता के साथ-साथ कथा-रस भी मिलता है।

अन्त में मुझे यह कहते हुए प्रसन्नता का अनुभव हो रहा है कि डॉ. कृष्ण कन्हैया का यह संग्रह यह उम्मीद जगाता है कि उनके अन्य आगे आने वाले संग्रह और भी मज़बूती और अपनी नई विशेषताओं के साथ प्रकाशित होंगे। उनमें संवेदना

sans me what's the point being all this lilting/How superficial all these are/And indeed/This is the importance of my being!'

'Tarang' is written while relating the poem with internal vibes. Similarly 'Sadak' depicts the mass as a road on which all of us run our brand of politics while none give a damn to what the road feels. 'Sawal' hoists the decadent issues of the present day India that run down the present while eulogizing the orthodox past. 'Swarth', as the name suggests, talks of all pervasive selfishness. See how befitting this quote is in the present time : 'How the philanthropic fragrance/Has lost somewhere/In the vales of selfish greens!'

Despite being a disciple of science Dr. Krishna Kanhaiya finds the modern science belittled before the older one. 'Adhunikata' reveals his thought after this. Mark his words in 'Prakrit' :

'Expanse of my mind
Is in the nature
And Not the other way round
Meanness of my character
Is in my nature!'

That's why despite such a devastating scene the poet emerges like phoenix with all his zest in his poem called 'Arman Ke Aansu'.

Despite all!
My tears
With a hope
Sailing on the boat of eyebrows
Want to swin
In deep sea like eyes
Want to sail long
With a purpose to live!'

Honestly each and every word of Dr. Krishna Kanhaiya collection is a drop of tear that has trickled down and wishes to meander a long way; and more over wishes to live with some purpose. Life isn't all about somehow living to eventually die. It's baptized as a meaningful journey throughout. In fact the ultimate aim of literature is to attach some meaning to the life

के रंग और भी गहरे होंगे तथा शिल्प का सौष्ठव और भी नये आयामों को छुएगा। विदेश में रहते हुए भी हिन्दी और साहित्य के प्रति समर्पित व्यक्तित्व डॉ. कृष्ण कन्हैया को इस संग्रह के प्रकाशनोत्सव पर कोटिशः बधाइयों के साथ।

–डॉ. कुँअर बेचैन
कवितायन 2-एफ/51
नेहरू नगर, गाज़ियाबाद,
उत्तर प्रदेश, भारत

of each word. In this sense this work definitely is a meaningful one. The poet himself is seeking some ideal on the plane of hard reality and enthuses the readers as well for the same. Looking for an ideal way is indeed a search of sensibility and to dedicate the same to the humanity. Dr. Kanhaiya has successfully conveyed this message.

So far the language and craft of this collection is concern we find it optimally strong. Styled along the lines of 'free verse' his poems exhibit an underlying current. Thus despite being non-rhyming in construct these poems carry the sense in letter and spirit effortlessly. Poems make a mark in clarity. Beautiful symbols too are seen here and there. At places personifications have come out aptly and they create visual delight for the readers and thus sense becomes intense. Many of the poems are styled as moral as well as short stories. Naturally, essence of a story too can be sensed in verse form.

Lastly I feel delighted to state that this collection augurs well for his forthcoming works. That way it's a ray of hope that may ensure that his new creations see the light of the day with even more salience. His sensibility would take deeper colours in them. Craft too would take a better shape. Dr. Krishna Kanhaiya indeed needs great applause for this celebration of publication more so being an NRI. His love for Hindi and literature needs another round of applause.

Kavitayan 2, F-51
Nehru Nagar, Ghaziabad
Uttar Pradesh, India

Dr. Kunwar Bechain

अनुक्रम

1. साक्षरता

साक्षरता–
काग़ज़ पर सिर्फ़
नाम लिखने का नाम नहीं
न ही
जनगणना के नाम पर
संख्या बढ़ाने का नाम है
वह तो–
मस्तिष्क के पटल पर
जिज्ञासा की क़लम
और
विवेक की स्याही से
उत्साही उँगलियों द्वारा
दानिशमन्दी से साक्षात्कार
करने का नाम है!

1. Literacy

Literacy!
Penning name
on paper?
A tender leap
in the census?
No way!
It is
Pen eager
Fingers thriving
to carve in prudent ink
Wise flickers
on the screen within!

2. उत्थान

उत्थान–
तकनीकी विकास का महज
काग़ज़ीकरण तो नहीं?
उपग्रह को अन्तरिक्ष में प्रत्यारोपित कर
विश्वव्यापी काग़ज़ी दम्भ भरकर
चक्रवात की त्रासदी से हुए
हज़ारों मासूमों की मौत को
कहाँ रोक पाए तुम!

उत्थान, सच में
ज़मीन से लगे हुए लोगों की
सर्वांगिण प्रगति का नाम है
न कि
आकाश में विचरण करने का,
न ही
ज़मीन की सच्चाई को दरकिनार कर
त्रासदी को नकारने का।

2. Development

Development?
Not a mere draft of techy leaps?
Launching satellites in space or
Pride on paper-
Can it stop
the innocent many
from dropping dead
in tragic cyclones?

Development?
Well, it means
the shooting forth of
people down and out!
Not a mere picnic in the space
with back turned to
ground realities.

3. समझौता

अक्सर दिल टूटते हैं
और
दिल का टूटना
इत्तफ़ाक़ भी तो हो सकता है,
ज़रूरी तो नहीं कि–
दिल टूटने से ज़लज़ले ही आएँ!

इस धरती पर
मुफ़लिसों की उम्मीद की तरह
कितने ही दिल टूटते हैं
पर,
हर कोई बिस्मिल नहीं होता
मरता तो नहीं
इस सहारे जीता है कि–
वक़्त हर घाव भर देगा
सिंदूर उजड़ने पर भी
बाक़ी ज़िन्दगी जीने का साहस दे जाता है।

लोगों को दुनिया में
समझौता तो हमेशा करना ही पड़ता है–
बाँझ को ममत्व के साथ
ख़ुशी को ग़म के साथ,
और ग़रीबी को बेचारगी के साथ।
दिल का टूटना भी एक़ समझौता है–

3. Compromise

Perchance
Hearts break.
They break often
Not always do they
burst into
an earthquake

Many a heart breaks on this earth
like the hope of those in misery.
Many a heart breaks
but not all give up.
They do live on
hoping against all hopes
that time heals.

Even mourners sail through somehow
with patience and courage.
We strike a deal and compromise
at every step.
The way a barren women
Settles with motherhood,
joy with sorrow,
poverty with a blank gaze.
My whole being compromises

जो लोग करते हैं—
अपनी नाउम्मीदी के साथ।

मेरे वजूद ने भी,
ज़िन्दगी के दीये में
'होनी' की बाती से
मेरे अरमानों का लहू चूसकर
वक़्त के अँधेरे से
समझौता कर लिया है।

with times bleak
the will of my being feeds on the
oil of desires
in the earthen lamp
of life!

4. पेड़ बरगद का

चाहा था मैंने—
सपनों के अम्बर में
सतरंगे इंद्रधनुष पर
कल्पना के पर लेकर
हवा के थपेड़ों के साथ
बादलों के संग सैर कर
क्षितिज के उस पार
लम्बी उड़ान भरता
और काश!
चाँद को इन हाथों से छू सकता!
पर ऐसा न हो सका।
और जब आलम है कि—
बंजर जमीन पर पड़े-पड़े
अपने अस्तित्व को, खड़ा-भर
असहाय नज़रों से विशालकाय
आसमान को ताक रहा हूँ,
क्योंकि
मैं जानता हूँ कि—
नन्हें हाथों से
काँपते पंजों पर उचक कर
दूर खड़े आसमान को
छूना कितना मुश्किल है!

4. The Banyan Tree

I had longed to float
on a fancy rainbow
in the dream sky,
fly across the horizon
with clouds
along the winds.
I had longed to touch the moon
with these two hands,
But in vain!
As things stand-
I have tumbled down
on a barren land
to gaze at the sky-
I pull myself up,
I stand tiptoed-
with eyes blank and
hands outstretched!
How remote is the sky!

शायद
बरगद के पेड़ को
बंजर ज़मीन पर
बोने का नतीजा है कि–
उसका क़द, कुछ छोटा हो गया है।

Barren lands
tell upon
the height of
even the banyan.

5. ओस की बूँदें

ये महज ओस की बूँदें नहीं हैं
जो दूबों पर ठहर कर
मोतियों सी चमकती हैं!
बल्कि
ये फरिश्तों के आँसू हैं जो
मज़लूमों की आँखों से
अन्याय के कोड़े खाकर
बादलों के गालों से ढुलककर
धरती की तपती छाती पर
रातों की तनहाइयों में
वीरानो से बरसते हैं!
और
पाप की
गरमी से
क्षणों में
अपना अस्तित्व खो देते हैं! •

5. The Dew Drops

No, not mere dewdrops!
seated on grass, shining like pearls
they are angelic tear drops.
Down the cheek of clouds
they fall
in desolate nights,
they fall like loneliness
on the hollow-breasted earth
they fall for the destitute
beaten black and blue
for no fault of his
Hell, hell of fire...
the drops of manna
hardly stay
burning lips of desire
kiss them away.

6. इस्तेमाल

तुम्हारे बदन पर
तार-तार हो गये कपड़े
जो मुश्किल से
लाज छिपाने भर है
तुम्हारे लिए–
भले ही तुम्हारी मजबूरी है
पर औरों के लिए–
रोज़गार का ज़रिया, सियासती दाँव-पेंच
या अन्तर्राष्ट्रीय विवाद का
विषय भी तो हो सकते हैं!
चित्रकार इसे–
काग़ज़ में रंग भरकर
प्रदर्शनी में नुमाइश करेंगे
तथाकथित आधुनिक समझवाले लोग
ऊँची बोली बोल कर
उसे 'मॉडर्न आर्ट' की प्रदर्शनी से ख़रीदकर
अपने ड्रॉइंगरूम की दीवारों पर सजाएँगे
औरों पर अपनी धौंस जमाएँगे,
कोई सस्ती उपलब्धि पाने वाला नेता–
भरे आवाम के सामने
भरी आवाज़ और घड़ियाली आँसू के साथ
अख़बार और दूरदर्शन की मौजूदगी में
ग़रीबी दूर करने के सब्ज़-बाग़ दिखाकर
एक सस्ती-सी सूती साड़ी

6. Use and throw

The faltered clothes
on your body-
expose you and your helplessness.
They could even promote
their trade, political maneuverings
and a lot international debate
In sharp colours and hues
Painters would exhibition them
The clean would quote a price sky high
and buy the modern art
For the plough walks of their drawing rooms
things to boast about
Four...
With false promises
of a pro poor state
In a voice thick with
crocodile tears,
wrapping a cheap sari around you
a demagogue
world around lapping hired
from a peanut-munching crowd
He will gets his snaps clicked

तुम्हारे बदन पर डालकर
तालियों की गूँज के बीच
अपनी जयजयकार करवाएगा
बिके हुए, भाड़े के टट्टुओं से
अपनी तस्वीरें उतरवा कर
सभी अख़बारों में छपवागा,
अपना 'वोट-बैंक' सुनिश्चित करवायेगा
और
पूरी दुनिया के अख़बारनवीस
एक साथ उसी तस्वीर को
अपनी–अपनी पत्रिकाओं के
मुखपृष्ठ पर छाप कर
सारे संसार में तुमको
अविकसित की संज्ञा देकर
तुम्हारे पिछड़े होने का उपहास उड़ाएँगे,
विश्व बैंक से अनुदान का
प्रलोभन दिलवाएँगे!

पर
तुम्हें मिलेगा क्या?
ज़िल्लत, बेचारगी, झूठे प्रलोभन,
हिक़ारत और असमंजस से भरी
ज़िन्दगी जीते रहने के सिवा!

and flash them in newspapers
To ensure a plump note...
journalists all the world over
would flash them on front pages
to pooh-pooh your backwardness,
and arousing false hopes
of a back-up from the world-bang
as the end in store
more disgust humiliation
promises false and a life from with...
a life
tattered like your clothes!

7. बाती की व्यथा

दीपावली का त्योहार
शताब्दियों से मनाते आ रहे हैं हम—
अंधकार पर प्रकाश की विजय का दिन
पर,
मिट्टी के दीये में
तेल से जलनेवाली बाती की
दास्तान कुछ यों नहीं!

धरती से उखड़कर,
कंकड़ों से छनकर,
पानी से सनकर,
चाकों पर चढ़कर,
आकार में ढ़लकर,
आग में तपकर,
मिट्टी के दीये में....

धरती में उगकर
पानी से सिंचकर
वातावरण में बढ़कर
वक़्त पर फलकर
टहनी से टूटकर
कोल्हू में पिसकर
तीसी के तेल़ से....

7. Sorrow of Wisk

For centuries
we have been celebrating
Deepawali to mark
the victory of light over darkness,
But strange is the tale
of the oil-soaked wick...
lit up in the earthen lamp!

Earthen lamp - strange is its saga
dug off from the earth
separated from pebbles,
lumped with water
shaped on potter's wheel
heated on Fire!
Burning oil-grown on earth
drawing from water and air
fructifying on time
dropping from the branches of as the cotton-ball
rolled as the wick
crushed on the crasher,

धरती का सीना चीरकर
कपास के पेड़ पर उगकर
हवा के झोंके से दूर जाकर
चुनकर बिनौले की
बनाई गयी रूई से
बाती के जलने की......
बात ही कुछ और है,

और हम-आप
जिसे उल्लास का दिन कहते हैं—
क्या वह दीये में क़ैद
तेल में डूबी
जलती हुई बाती की
व्यथा नहीं?
अनकही गाथा नहीं??

dipped in it -
It goes a long way!
What we underline as
the day of jollity
Is not that?
The day also of its untold miseries?

8. मदारी की आकांक्षाएँ

दिल्ली में मजमा लगा है
तमाशाइयों की बड़ी भीड़ है,
बीच में खड़ा मदारी हैरान है—
क्यों बग़ैर डमरू के लोग झूमते हैं
एक ही धुरी के चारों तरफ घूमते हैं?
यह सिर्फ लाचारी है
या पैसों की क्यारी है कि—
आज लगाते जाओ
और
पीढ़ियों तक पाते जाओ।

पर,
मदारी की ज़रा बेचारगी तो देखो—
चिलचिलाती धूप में
भूखे पेट ही
निर्बल हाथों से
डमरू बजा रहा है
अपने पूर्वजों को नचा रहा है!
'बड़े लोग' मुस्कुरा रहे हैं
अपनी बेबसी छिपा रहे हैं,
पाकिटमार धंधे में लगे हैं
मनचले अपनी ताक में लगे हैं
बंदर, बंदरिया को मनाने में लगा है
तो मदारी सपने सजाने में।
सोचता है—

8. Longings of a Juggler

There is a peanut-munching crowd in Delhi
lots and lots of onlookers!
The juggler is taken aback
Why do people sway to and fro?
Why they dance around same axis?
It is helplessness
or a row of money–
sow today and
reap for generation ahead!

But
please note the helplessness
of a juggler
on an empty stomach
in the scorching sun
He plays his drum with his
rickety hands
making his ancestor dance to his tune
The big people smile
hiding then helplessness
The pickpockets have a gala time
and the lecherous are looking around
The monkey is busy consoling the mistress
and the juggler is busy dreaming
He thinks
Today is a good day

आज धंधा चल निकला है
लोग खिलखिला रहे हैं
तालियाँ बजा रहे हैं
आज शायद ज़्यादा पैसे मिलेंगे!
मुन्ना रोटी को दाल में भिगो कर खा सकेगा
मुन्नी माँड़ की जगह दूध पी सकेगी!
अपनी ब्याहता के लिए वह इस कुंभ में एक नई साड़ी लाएगा
अपने लिए 'टायर' की पुरानी एक चप्पल ख़रीदेगा
और
बचे पैसे अभी से मुन्नी के ब्याह के लिए जमा करायेगा!

अचानक बेवजह लोग भागने लगे हैं
पूरी की पूरी भीड़ नदारद हो चुकी है
अपने बंदरों के साथ वह
वहाँ बिलकुल अकेला खड़ा है!
जीप से उतरकर
पुलिसवाले नज़दीक आते हैं
उसे सहसा याद हो आया है कि–
आज का 'टैक्स' तो उसने दिया ही नहीं,
अल्युमिनियम के टूटे कटोरे की सारी रेज़गारी
सरकारी मालिक ले चुका है!
उसकी सारी आकांक्षाएँ
धरी की धरी रह जाती हैं!
वह फिर से सोचता है
कि–
वह उस नई सुबह का इंतज़ार करेगा
एक नई उम्मीद के साथ
एक नया सपना फिर से बुनेगा!

People giggle and clap
Today perhaps I will earn enough
for my son to seek his bread
My little daughter will have some milk today
not just a thin soup of starch!
For his wife will buy a new sari this Kumbh
He will buy a new pair of tyre-slippers for himself
And still he would save some money
for the little one's marriage!
And lo! People run
helter-skelter
the crowd has melted
and he is left alone with his monkey.
Policemen descend from their jeep
and draw near -
Suddenly he is reminded that
he is yet to pay today's tax.
The change shining in the shriveled aluminum
        bowl Is all gone
Lords in khaki, long live!
All dreams gone to dogs ...
        another day,
        another wait,
        wait without hope,
        but a wait nonetheless.
Dreams he would weave nonetheless!

9. विडम्बना

प्रकृति की विडम्बना!
तपते हैं पत्ते हज़ारों हज़ार
और जड़ें फैल रही हैं!

जंग भी एक अजूबा है—
हज़ारों की मौत
और एक की फ़तह!

9. Irony

The irony of nature
Thousands of leaves are on fire
And roots proliferate

The war too is strange
Thousands lay their lives
For the victory of one

10. विधान

चीरती धरती का सीना
स्थूल मोटी जड़,
और फूल रही हैं

टहनी से लगे पत्ते भी
सूर्य की रोशनी चुरा
और हरे हो रहे हैं

पर
बीच का तना
बचा रस
और
उच्छिष्ट भोजन
निर्विरोध रख लेता है
विधि का विधान समझकर!

10. Fate

It tears the earth open
The thick root;
'And it flowers' too

The leaves on the branch
Steal light from the Sun
And turn green

But the trunk in the middle
Without a grudge
Accepts the surviving essence
And the left over grub
It accepts it as his fate

11. तस्वीर

कभी देखा है?
दीवार से टँगी उस तस्वीर को
जिस पर वक़्त के साथ
धूल की मोटी परत चढ़ गयी हैय
अतीत की दीमक़ ने
फ्रेम को चाटकर
जगह-जगह खोखला कर दिया है?
यादों के धागों ने
उसे अब तक
दीवार पर टाँगे रखा है,
हवा की साँय-साँय ने
वक़्त-दर-वक़्त
धड़कन दी है,
सूरज की धूप और बिजली के बल्ब से
घड़ी के साथ-साथ
प्रारूप बदलता रहा है!

कभी सोचा है—
उस तस्वीर की व्यथा को
जिसे आगे-पीछे से दबोच रखा गया हो,
जिसे हवा रोशनी नसीब नहीं होती
जिसे सदियों से मुस्कुराना पड़ा हो
अपनी व्यथा को अपने में दबाए?
कभी उस तस्वीर की सोच

11. Photo

Have you noticed?
Look at the hanging picture
With the passage of time
A thick layer of dirt
Has gathered there!
The moth of the past
Has licked up the frame
And it is hollow here and there
The thread of memory
Has kept it hung on the wall
The blowing wind
Has granted it a heart beat
Time to time
The heat of the sun and the electric bulb
Has eaten it up and altered its form

How you pondered on the
Agony of other picture
Who has been clapped an all sides
Who starves for wind and light
And still smiles

Think of that picture,
Sandwiched between glass sheets
It is transferred

जो शीशे की परतों के बीच क़ैद है
और जिसे–
इस घर से उस घर में,
इस कमरे से उस कमरे में,
इस दीवार से उस दीवार पर,
कभी ऊपर तो कभी नीचे
जिसने जब चाहा उसे
खूँटी पर लगा दिया
और मन चाहा तो उसे
खूँटी से उतार लिया।

From one house to another
From one room to another
One wall to another
Up and down
Down and Up the peg
Treated always at will

12. मौत

मौत आती है
उसका मक़सद है निशाना,
अपने शिकार को खाना!
समय-ठिकाना वह तय करती
पलक झपकते धड़ को धरती,
आहार बनाती अपने मन का
लोभ नहीं है उसको धन का

कभी नहीं अनपच होता है,
रात-दिवस यह सच होता है,
ऊँच-नीच का भेद नहीं है!
दुष्कर्मों पर खेद नहीं है!
हर पल खाते जाना है,
भक्ष्य को आते जाना है
सुरसा-सम उस मुँह के भीतर
कभी 'बटेर' कभी है 'तीतर'
तुम कितना खाना खाओगी
खाते-खाते थक जाओगी।

ओ मौत!
क्या तुम्हें मौत आ पाएगी?
यदि तुम्हें मौत आयी!
तो फिर मौत किसे आ पाएगी!!

12. Death

Death comes
It aims at something
and eats it up
It fixes the schedule
and grabs the trunk
It hints at will at will it kills
And it gives a damn to money
Never does it suffer indigestion
Day in and day out it is worked upon
No discrimination, no regret
A glutton with many masks
Surasa someday and someday a little dove
How much!
After all how much can you devour?
O death,
When will you die?
If you die,
that's the end of death.

13. ललक

ज़िन्दगी एक दौड़ है–
बैसाखी पर चलने की लाचारी नहीं
नहीं घुटनों के बल
चलने का नाम है–
जिसे वक़्त अपने डंडों से हाँकता रहे
और प्रतिस्पर्द्धा
दौड़ की चाहत लिए
पिछड़ जाए।

तेज़ चलना आदत तो भली है
पर उसमें कभी धीमी रफ़्तार की
नकेल भी लगाइए।
ताकि
पिछड़ते पल के साथ
वर्त्तमान की लय बरकरार रहे।

बावजूद इसके
लोग जीत जाते हैं,
क्योंकि
हारनेवालों में
जीतने की ललक नहीं होती!

13. Yearning

Life is a race
with a helpless slow ride on the crunches
nor a crawl
Time drives it on with its rods
and it runs on and on
A relay race to be lost, for sure
Running fast is fine
but a brake is a must
so that the rhythm of the present
catches on
despite this
People survive
Those who lose
do not have the
will to win.

14. ज़िन्दगी की दौड़

झुरमुट की ओट में खड़े होकर
आँखें बंद करने से
रात नहीं होती
और न ही
बिजली के बल्ब के सामने खड़े होकर
दिन की अनुभूति होती है
दोनों ही नकारात्मक सत्य है।

अलसायी सुबह की लालिमा
और सुप्त रातों की कालिमा
दोनों ही व्यर्थ समय की तरह हैं
जिनका कोई व्यापक दायरा नहीं
निस्संदेह दोपहर का छरहरापन
क्षण-क्षण सरकती घड़ी का
गिलहरीपन है

आपको अगर आगे
कोई बुनियादी बदलाव चाहिए
तो
अपने आज को
बीते हुए कल के दख़ल
और
आने वाले कल के असर से
कहीं दूर हटना होगा

14. The Race of Life

Night doesn't fall
by just closing your eyes
behind the bushes
And day can't be sensed
just by standing in front of the bulb
Both are negative.
The red glow of the drowsy morning
and the bleakness of nights dead asleep.

और इस आज के सहारे
अपने आप में जीना होगा

क्योंकि–
ज़िन्दगी की दौड़
अतीत के खोये कंधों पर सवार होकर
या फिर
भविष्य की काल्पनिक उड़ान पर
जीती नहीं जाती
उसके लिए तो
वर्त्तमान की बुलंद बुनियाद चाहिए!

Are both like wasted time?
Which does not have a great range
The slimes of the afternoon, for sure
is the squirrel hood of the on-moving watch?

15. एहसान

ज़िन्दगी
तुमसे कोई शिक़ायत नहीं!
एहसानमंद हूँ
क्योंकि–
कम से कम
मरने तो नहीं दिया तुमने!
जिलाए ही रखा–
साँसों में शराब की तरह,
आँखों में ख़्वाब की तरह,
ज़ख़्मों में नासूर की तरह,
दुनिया में दस्तूर की तरह।
और
हर अवस्था में
कुछ न कुछ
मिला ही तो है–
बालपन में अवसाद
जवानी में संताप
बुढ़ापे में असंतोष
और
जीने के लिए चाहिए ही क्या!

15. Obligation

No grudges, indeed!
Indebted I'm
For your not letting me die
You kept me alive
like the aroma in the breath
dream in the eyes
itch in the wound
and customs in the world
I have got
dejection in childhood.
rejection in youth
and regret in old age!
What else do you need?
to pull on!

16. बड़ा कौन

1.

तने ने जड़ को लताड़ा–
यह अपने-अपने कर्मों का ही फल है–
मैं धरती से इतना ऊँचा खड़ा हूँ
और हमेशा लोगों को नीचा देखता हूँ।

और
एक तुम हो
ज़मीन में धँसी हो और,
और नीचे धँसती ही जा रही हो
इतना ही नहीं, तुम्हें तो
रोशनी, हवा और बारिश भी नसीब नहीं।
धरती की काल-कोठरी में
घुटन के सिवा तुम्हें मिला ही क्या?

जड़ को अपनी कुंठा का आभास हुआ,
ऊँच-नीच का एहसास हुआ
साथ ही उसे गर्व हुआ
कि इतना तना हुआ यह तना
उसकी ही त्याग की नींव पर तो खड़ा है।

16. Who Is Greater

1.

The truth challenged the roots
"You reap what you sow"
I stand tall on the earth
I look down upon everybody
And there you are!
crushed in the ground
receding deeper everyday
You are denied even the basics
light, wind and rain
In the prison house of the earth
you suffocate
Suffocation is all that falls in your share"
The root sensed her inferiority
low in the hierarchy though she is
She is proud of the fact
that the truly erect
is rooted in her
sacrificial base

2.

बादल से
घने-घने लम्बे पेड़ों ने कहा–
तुम व्यर्थ अपने बड़प्पन की डींग हाँकते हो,
सूर्य की रोशनी पर निर्भर हो कि भाप बन सको
हवाओं पर निर्भर हो कि उड़ सको,
व्योम पर निर्भर हो कि ठहर सको
और तो और, मुझ पर निर्भर हो कि बरस सको....
अट्टहास करता है बादल–
रे मूर्ख़!

हम तो कहीं, कैसे भी बरस लेंगे
उमड़-घुमड़ कर गरज लेंगे
मगर तू भी है जानता
मेरे बग़ैर
तेरी संतति कैसे जन्म लेगी?

2.

To the clouds said the dense trees,
"You talk tall
But the reality is that
you are dependent
completely on the sunrays
for evaporation,
on winds for the flight
on the sky for base
and for me too for train."
The cloud laughed aloud
"You fool,
we can rain anywhere somehow,
we thunder and roar
but without us
your future generation
will come to a dead stop."

17. ख़ुदकुशी

सोचा खुदकुशी कर लूँ
खुद के लिए खुशी कर लूँ!
क्या करूँगा, करूँगा डाका
भूखे जीकर, करूँगा फाक़ा?

दूसरों के भले का क़िस्सा
काग़ज़ पर दिखलाऊँगा,
अंदर-अंदर अपनी खिचड़ी
अपने लिए पकाऊँगा!
झूठा-सच्चा, अंदर-बाहर
सबके ऊपर उजली चादर
डाल कर क्या मैं हज कर लूँगा?
बिखरे जीवन, उलझे मन से
क्या वह जो अर्जित कर लूँगा?

नदी पर पुल का नाम नहीं है
तट पर नौका, का काम नहीं है
अपना-दूजा सबका लेकर
आत्मा पर की व्यथा बड़ी है
भारी मन से तन की नाव
सागर में बेकार खड़ी है
तैरने पर तू अड़ा हुआ है
डूब न जाएँ, पड़ा हुआ है!
मन तो अपनी ज़िद पर है
तन मेरा सूली पर है

17. A Suicide In Contemplation

That at least would be a pleasant ride
What else is there in store for me
Starvation or robbery?
Altruism to show off on paper
I'll cook my soup separate
hypocrisy and fraud
and a neat cover up
and a pilgrimage
life scattered mind shattered
now this quiet causes havoc
This I had left behind
in the desolate home of life
The hush hushing of winks
and the murmuring of leaves
shadows extending on wall
the thundering clouds
dogs yelping in a corner remote
bats flapping the wings
At time console the loneliness
and crosses the over bridge
of being neat line like a train
Which is like a merge grain
in the barn of long nights
And like the flickering flame in the dead darkness
My eyes open in terror
the naked wings on the tree of life

कैसे उसको पार लगाऊँ
तन को मन की व्यथा सुनाऊँ!
सबसे बढ़िया एक उपाय
मन की व्यथा कही ना जाय!
मन मार कर
अपने मन से
मन की आशिक़ी कर लूँ
सोचा, ख़ुदकुशी कर लूँ
खुद के लिए खुशी कर लूँ!

feel like morning to blind eyes
blank eyes treat is as a treat
may light not beg for darkness
may the leper's wound not rot further?
may silence not rule the noise?
and fear not the way of life
may my life glow with its own colour
may everything have its own touchstone?
may silence be the prime organ of the lonely
may joys be disenchanted with reality
And then this
I'll sow in today
on the plain fertile land
Will I ever achieve this?
no trace of bridge on the river
or of boat on the bank
The heart weighs heavy
The boat heavy with a loaded heart
sails not, stand still
bent upon to swim
dreading drowning
head hell bent upon
body hanging on
How to sail through
should my heart confide to the body?
the best is to realize
that my guilt is beyond relief
How to fall in love with myself
Thought I would commit suicide
to secure pleasure - my own!

18. विवशता

बाज का
आकाश में उड़ान भरना
उसका शौक़ या उसकी विवशता नहीं
बल्कि उसकी प्रकृति है।
नभराज गरुड़
जिसका इस्तेमाल करता शिकार करने में
और छोटी सी गोरैया शिकार न होने में!

परिन्दे का
पिंजरे का जीवन
उसकी विवशता है
शौक़ या कौतूहल नहीं,
क्योंकि—
पर के साथ होकर भी
वह परकटा है।
जीने के लिए
अपनी आज़ादी के एवज़ में
कुछ खाता-पीता है, रोता-गाता है
और मरते-मरते रोज़ जीता है

और ऊपर से
पिंजरे के पंक्षी का दुःख तो यह है,
कि अगर छूट गया
तो अपनी प्रकृति के अनुरूप

18. Helplessness

The high soaring eagle!
Its hobby is not its helplessness
It is temperament
The sky-king, vulture
Employs it for hunting
And the small bird for stopping being hunted
down
The cage bound life of the bird
Is it helplessness?
Not its hobby or curiosity
For even if it was born with wings
Its wings have been slashed off
In lieu of its freedom
For bare survival it eats and drinks
Sings and sinks
And entwines life with death.
And to top it all
The primary grief of the
Bird in the cage is this

उड़ने के क़ाबिल नहीं रहता!
तेज़ी से ऊपर उड़ने के चक्कर में
चक्कर खाकर तेज़ी से नीचे आ गिरता है
और
दूसरों का आहार हो जाता है
जानवरों का शिकार हो जाता है!

That even if someday it is released
It would not be in the position to fly
In its effort to fly high in a go
It drops down then and there
And falls a victim to some carnivorous teeth.

19. बंजर ज़मीन

वे पल
जो आपने मेरे लिए बोये हैं
इस बंजर ज़मीन पर
मेरी हकीक़त बयान करते हैं।
अरमानों के ये उन्नत बीज
मेरे उत्साह की गर्मी से
शायद अंकुरित हो जाएँगे!
पर
पूरा दरख़्त बनने का उनका सपना—
समय की सुनहरी धूप,
उम्मीद की बेहतर खाद
प्यार की निरन्तर सिंचाई
और नशेमन के अभाव में
अधूरा ही रह जाएगा!

मैं यह जानता था कि
इसका अन्त यही है।
पर मैं खुश हूँ कि-
बंजर ज़मीन पर अँकुरनेवाला बीज
मेरे संघर्ष की हक़ीक़त का
निष्कर्ष बयान करता है
और बतलाता है कि
सादिक़ बोया पल
उत्साह की गर्मी से
अँकुरा तो सकता ही है!

19. Wasteland

These moments
Which you have sown for me
Narrate my reality on this wasteland
The highbred seed of my desires
May sprout up
With the heat of my gusto
But their dream to grow up into a tree
Will never come true without
The golden ray of time,
The better manure of hope
And the constant irrigation with love.
I knew finally well
How it would end
Still I am happy
That the seed
Sprouting in the wasteland
Narrates the story of my struggle
And bears a witness to the fact
That the gush of mere gouts
Can help a moment sprout.

20. अच्छाई

अच्छाई की परिभाषा
दुनिया के मतलबी दौर में
बदलती जा रही है,
आज इसका प्रयोग
लोग
अपनी बेहतरी के लिए करते हैं।

अब
अपने ऊपर दुःख सहना
दूसरों का भला करना
परोपकार कहाँ!
मूर्ख़ता है।
ज़माने में
सदियों से होता हुआ परोपकार–
अब मुमकिन नहीं, मुनासिब नहीं
और कदाचित सम्भव लगता भी नहीं।

क्योंकि–
अब लोग यह जानने-समझने लगे हैं कि
व्यक्तिगत घाटे के एवज़ में परोपकार
नुकसानदेह ही नहीं
अनुचित और असंगत भी है!

20. The Definition of Goodness

The definition of goodness is changing fast
In the selfish go of the world
Today people use it for
Their betterment
Now suffering for others
Working for the welfare
Is a distant dream
It is a folly!
Altruistic motives
Ruling the world?
Neither possible, nor plausible!
They grow on another impossibility
For people know it, for sure
Why waste time on others
Why do things at our own cost?
Too rational
Is irrational!
But it rules the world.

21. फूल और काँटे

फूलों की खूबसूरती
किसे भली नहीं लगती–
बाग़ों में, हारों में, गजरों में,
गुलदस्तों या फिर गमलों में
पर साथ-साथ दहशतज़दा भी तो रहते हैं
टूटने का, चुभने का, झड़ने का
और सूखने का डर भी बना रहता है।

किन्तु, काँटे को तो देखो–
सुकून से रहता है
सूखता नहीं
मसलाता नहीं
घबड़ाता नहीं
डरता नहीं
और
निस्संदेह, सजावट की वस्तु भी नहीं।
पर,
एक काम की चीज़ है वह
जिसका सही इस्तेमाल
काँटों को निकालने में होता है!

21. Flower And Thorn

Who doesn't appreciate
The beauty of flowers
In gardens, garlands, crow nets
Flower vases and flower pots,
But all those who appreciate
Are also crushed away
Because it also leads
To pricking sensations
And fading glories
But look at the thorn
Lives in peace
Doesn't wither
Isn't crushed,
Doesn't lose its newness and cool
And of course, it is not
Just a showpiece
It is a thing of utility
Which helps us pull out thorns.

22. मनुष्य

वे लोग
जो जानवरों की कई
विशेषताओं की बातें करते हैं
मसलन—
कुत्ते-सा खीसें निपोरना
गिरगिट-सा रंग बदलना
कौवे की चतुराई
शेर की गुर्राहट
बगुले की भगतलीला
गीदड़ की भभकी
बंदर की घुड़की
लोमड़ी का सयानापन
या सियार का दलबदलूपन।

वो क्यों भूल जाते हैं कि
इस धरा पर एक ऐसा भी प्राणी है
जो मनुष्य है
जिसने दुनिया के सारे जंतुओं को
इन विशेषताओं में
काफ़ी पीछे छोड़ दिया है!

22. Man

They talk of
Many specialties in animals
Dog-like grinning
And lizard-like uncertain hue
The cunning of the crow
The roar of lions
The hypocrisy of heron
The fox's false alarm
The monkey's threat
The jackal's opportunism
Why forget that
On the face of earth
There is a creature called man
Who has grabbed all the traits from animals?
And has left them far behind.

23. स्वाभिमान

'आत्माभिमान' शब्द
सिर्फ स्वाभिमान जैसा सरल नहीं
बल्कि कुछ विपरीत है
और इसके पहलू भी दो हैं–
अगर अपने अंदर नीहित है
तो स्वाभिमान
और ब्राहर प्रकट होता है
तो अहंकार

या यों कहें, कि
यह आवश्यक बुराई है–
आवश्यक,
अगर स्वाभिमान तक सीमित हो
और बुराई,
अगर अहंकार के रूप में सामने आए!

23. Self respect

Self respect
Is not as easy to acquires as self-esteem
It can be placed, as it's opposite
It has two dimensions
It is within us
This manifests itself
Like self respect
Then like ego
Or say, it is a necessary evil
Necessary, if limited to loyalty,
And evil
If in hoists like pride.

24. पैसा

पैसा कमाने के लिए
आदमी को
जोखिम की भट्ठी में
कोयला बना कर मत झोंक,
झुलस जायगा वह!

पैसा भोग की वस्तु है, रोग की नहीं,
दान कर, उसका गुणगान मत कर
विलास कर, उस पर विलाप मत कर
ख़र्च कर, तिज़ोरी में रखकर 'रिसर्च' मत कर
आजतक न कोई इसे साथ ले गया है
और न आगे कोई ले जाएगा।
अगर यह तेरे पास है–
तो जीने के इस्तेमाल के लिए
वो घर के संदूक़ में हो
या बैंक के 'लॉकर' में
मात्र सुखद अनुभूति है
पैसा तब सही है–
जब तन को सुख दे
तन का दुःख ले
न कि
अपनी आडम्बरी तासीर से
तन-मन का सुख-चैन ले!

24. Money

Why thrust man
Like mere coal
In the furnace of danger
Just for money?
He would burn wildly
Money is the means of luxury and not a disease
Give away, do not praise it
Enjoy, don't wail
Spend it, don't lock up
In the locker for further research
Who can carry it beyond life?
If you have it
Put it to use
In favour of life
Whether in the locker of the bank
Or at home
Locked up - it is just as
Pleasant a sensation
Money is honey
Only when invested and put to use

25. ताली

यह सब जानते हैं कि
ताली बजाने के लिए
दो हाथों की ज़रूरत होती है,
एक अकेला हाथ
ताली नहीं बजा सकता
चाहे उसे अनेक बार
कितने ही ज़ोर से
क्यों ना घुमाया जाए।
ताक़तवर पुरज़ोर तालियों का शोर
रक्ताभ दोनों हथेलियों के ज़ोर से
ज़्यादा बढ़ता है
उमंग और जुनून रूपी दोनों हाथ
मन के तार छूने के साथ
ध्वनि-तरंगों में
परिणित हो जाते हैं।

निश्चय ही ताली

25. Clapping

Everyone knows
Those two hands are a must
For clapping
A single hand can't clap
However briskly
May one shake one's hand
In the yolk of life
[Like the oil]
Bursting the earth open
Growing on the branch of cotton trees
Blowing away from near and dear ones
Picking seeds,
Laying down cotton and wicks
This thrill is different
And what you call the day of glory
Is it not the woe of the wick
Oil soaked
Limited by the perimeter
Of the earthen lamp?
The noise of blood red strong hands clapping
Is immense
The two hands of gusto and passion
Play at the wire of heart
And it reverberates

Clapping echoes the

दिलों का उद्‌गार व्यक्त करती है।
दोनों हाथों से बजी ताली
एक-दूसरे को जोड़ने वाली
ध्वनि के रूप में गुंजित होती है
और आपसी तकरार दूरकर
सब के हृदय को झंकृत करती है।

Joy of heart.
Both hands join
And this joint venture
Reverberates;
Ticking off mutual conflict
It reiterates the bond of heart!

26. अरमान

मेरे अल्हड़ अरमान
ख़्वाबी खेत की मेड़ पर
सुबह की अँगड़ाती धूप के साथ
वक़्त का टोकरा सिर पर उठाये
उम्मीद भरे लड़खड़ाते क़दमों से
तेरे दिल के दरवाज़े पर पहुँच कर
सहमी-सहमी हथेलियों से
ताबीरी दस्तक देना चाहते हैं।

पर कोई तो उन्हें समझाये तो कि—
महफ़िलों पर राज करता
आलीशान महल में रहता
आपका यह मग़रूर दिल
एक अदना रिआया की फ़रियाद से
अपने सतरंगी ख़्वाब में ख़लल डालकर
किसी 'छोटी' सी बात के लिए
अपने दिल का दरवाज़ा खोल
मेरे जज़्बों के अल्हड़पन को
जज़्ब करने की
हिमाकत कर सकता है!

26. Longing

My adolescent desires
Knock at the door of my heart!
A soft thud on the door of want
From the margins of dream fields
They get up with the unwinding mornings
With the basket of time on shoulders
And feet dwindling with hope
They reach the heart!
I wish someone could
Reassure them that- my heart would dare absorb
The adolescent passions
It would dare open the door of heart
For a minor exchange
At the prayer of the small peasant
The proud heart
Can dare tick of the rainbow dreams
Peg-parties, palaces...
It can definitely lean forward.

27. आयाम

आधुनिकता की दौड़ में
सारे आयाम सरेआम बदलते जा रहे हैं–
व्यक्ति का चारित्रिक मूल्य,
पीढ़ियों का अन्तर्द्वंद्व,
जातीयता का समीकरण,
प्रांतीय विखंडित व्यवहार
या राष्ट्रीय-अन्तरराष्ट्रीय बाज़ारूपन!
कौन ज़िम्मेदार है इनका?
अतीत का पिछड़ापन,
वर्त्तमान की तेज़ रफ़्तार
या आनेवाले कल की आबोहवा।
किसी भविष्य के महल की ख़्याली नीव
ऐसी जगह भी रखी जा सकती है
जहाँ वर्त्तमान की ऊबड़-खाबड़ ज़मीन न हो।

धाराप्रवाह ज़िन्दगी में
अटकलबाज़ी का अर्द्धविराम
और समसामयिकता का पूर्णविराम मत लगाओ।
अगर ज़िन्दगी को उद्देश्यपूर्ण बनाना है तो
अतीत से सीखो,
वर्त्तमान में जीओ
और
भविष्य की सार्थकता को
ज़रूर सोचो!

27. Dimension

In the race of modernity
There is dimensional change
The values of character
The generational conflict
Caste equations
Provincialism national-international down-market traits:
Who is responsible for all this?
The backwardness of the past
The fast pace of presence
Or the future climate?
The imaginary foundation of a dream castle.
Can be laid down
On a smoother plain
With no ups and downs of the present.

Commas of mad guess work
In the non-stop flow of life-
For God's sake, don't apply
The full stop of contemporariety
It wishes to work towards a target,
Learn your lesson from the past, live in the present,
Ponder on the relevance of future.

28. सीखने के ढ़ंग

सीखने के भी ढ़ंग निराले
जैसे छलकते मदिरामय प्याले
जीवन का आयाम सही हो
मस्ती ही बस, काम नहीं हो
सीखो, इसके रंग निराले
ढंग से कैसे भरता प्याले
या तो खुद अपने से सीखो
या झुककर औरों से सीखो
हाथ पकड़कर, पुस्तक पढ़कर
कभी ज़िन्दगी सीधा कर कर
कभी किसी को, देख-देखकर
कभी ज़िन्दगी, भोग-भोगकर
कभी किसी को आगे लाकर
कभी किसी के पीछे जाकर
मतलब सबका एक सही है
सीखनेवालों, सीख तभी है
जो पीने की बान लगाओ
मदिरा को आदर्श बनाओ
कभी ना छूटे, मुख से प्याला
ऐसी हो जीवन की हाला
होश में लाए, ना होश उड़ाए
पकड़ में आए, ना पकड़ से जाए
सीख पर सोच की पकड़ लगाओ
मज़बूती से जकड़ लगाओ

28. The Ways of Learning

Many are the ways of learning
Many a peg spilling
Merry making divine
No work, all play!
Learn it this way
How life fills the pegs
Or bow down
And learn it from others.
Holding hands, reading books
Straightening life,
Observing others.
Suffering life,
Pushing some in the front
Some are at the back
The meaning of everything is one and the same
The lesson for the learners is this:
If you catch on to drinking
Hold it as an idea
See to it that the cup is held high
And the wine of life
Neither sets you off nor on,
Drives you neither out of senses
Nor out of control
Put the reign of thoughts on the lesson.
And hold in tight

बार-बार, (गर) बारम्बार
गर एक ही दण्ड करोगे
ज्ञान काल की समय-सारणी
निश्चित बंद करोगे !

It you try and try again next lining the timetable of knowledge
Will be closed, for sure.

29. ज़िन्दगी का गणित

ज़िन्दगी के गणित में
नियमित लगे रहना
कितना परिणामदायक है—
यह कहना, निस्संदेह मुश्किल है।

इन पहाड़ों का दैनिक जीवन में इस्तेमाल
तभी वाजिब है जब—
दिल को जोड़ सके
दुश्मनी घटा सके
सुख को कई गुणा कर
दुःख विभाजित कर सके
यह खुले आईने का सच है
जिसे देखनेवाला तभी समझ सकता है
जब उसके सीने में आर्यभट्ट की निगाहें हों।
जिसमें लंबित ज़िन्दगी के अंक के बाद
ज़्यादा शून्य बिठाकर
मान बढाने का जज़्बा हो
या
बिखराव के दशमलव वाले अंक को
हाशिए पर डालने का हुनर
ताकि
इल्म की गुणवत्ता बढ़े
और साथ-साथ
ज़िन्दगी जीने के
मायने-मतलब भी।

29. Life - The Game of Numbers

Life - the game of numbers
Should keep your absorbed!
Practice will fetch good results,
How good! It is difficult to predict.
These multiplication tables
Should be employed everyday
Only when they build a bridge across hearts.
Subtract ill-will /Add upon joys
Divide sorrows.
This is the truth of the open mirror which
The eyes of an Aryabhatta alone can follow
Who can dare add a zero?
After the suspended life
And add to its value
Or place the decimal of helter-skelter
On the margin
To that the quality of skills is elevated
And the meaning of life too.

30. ज़िन्दगी के पहलू

1.
ज़िन्दगी एक बंद किताब है
इसे खोलने की कोशिश तब सही है
जब इसके पन्नों को दोनों तरफ़ से पढा जाए
महत्त्वपूर्ण पहलुओं को रेखांकित किया जाए
और अतीत के अवांछित दृश्यों को खड्ड से मिटाया जाए
ताकि पन्नों पर कुछ जगह बनाई जा सके
और कुछ और महत्त्वपूर्ण बातें लिखी जा सके!

2.

ज़िन्दगी एक गिलास की तरह है
जिसमें उसके कार्यों की पानी भरा है।
लोग देखते हैं कि
पानी कहाँ तक ठहरा है!
आधे गिलास पानी को
आशावादी आधा भरा बोलते हैं
तो निराशावादी, आधा ख़ाली।

किन्तु,
सच तो यह है कि
यह आधा-अधूरा सपना है
और इसे पूरा करने का संकल्प भी अपना है।
प्रश्न है कि—

30. Life

Life is a closed book
The attempt to open it
Is justified only when its
Pages are read from
Both sides, important
Points underlined and the undesirable
Scenes of past
Be erased to raise some space on the page
For some important observations to be noted
down

2

Life is like a glass
All our deeds are filled up in the glass like water
People note the watermark
Optimists call the glass half filled
And the pessimists call it half empty

The fact of the matter is
That is an unfulfilled dream
And the determination to make it come true is our
own

देखनेवाले की मानसिकता क्या है—
इसे भविष्य में
पूरा देखना
या
पूरा ख़ाली देखना!

It all depends on the
Mentality of the observer
Whether to fulfill it
Or keep it in suspended animation

31. समाज

व्यक्ति समाज का दर्पण है।
पर,
तस्वीरें इस कलियुगी दौर में
विकृत होती जा रही हैं!
मसलन–
व्यक्ति वहशी हो गये हैं,
जातियों का ध्रुवीकरण हो गया है,
अपहरण का राजनीतीकरण हो गया है
लूटपाट का आधुनिकीकरण हो गया है।

या इसी समाज की परिकल्पना
राम, कृष्ण, नानक और बुद्ध ने की थी?
जिसमें हर शहर, हर गाँव में
एक न एक अँगुलिमाल पले-बढ़े
आपके अस्तित्व के साथ-साथ
आप भी भेंट चढ़ें!

लूट, डाका, ख़ून, फ़िरौती अब
एक फैलता विकसित रोज़गार है
जिसमें रक्षक और भक्षक दोनों
बराबर के हिस्सेदार हैं।
राजा तटस्थ बना बैठा है
सिपहसालार निडर बना बैठा है
लोग चुनाव में काम आयेंगे–

31. Society

Man is the mirror•of society
But the pictures get distorted in Kalyug
Men are getting wilder
Double standard, greed
And uncertainty....
Diseases like thèse can be taken in to fold
Disease which have charred the beautiful body
Over and above insecurities is the truthful
Hooligan caught
Flesh trade among the beaurrad
The lazy lusty police force
Tied hands of the judiciary
Spineless politicians
Dens of, soot they all are
If you can't pass through the dens
Without a spot on your collar

बूथ लूटकर, लुटवाकर दिखायेंगे
इसलिए ज़बरदस्त तरफ़दारी होगी,
इक्का-दुक्का कभी गिरफ्तारी हेतु
पूरे महकमें में तैयारी होगी!

फिर,
आपस में तकरार बढ़ेगी
लीपापोती का आधार बनेंगी
सब दल आपस में मिल-बैठकर लोगों को भरमाएँगे
इफ़्तार और दीवाली की दावत साथ-साथ उड़ाएँगे
कुछ निष्कर्ष नहीं निकलेगा
कोई उत्कर्ष नहीं झलकेगा
कोई अपराधी किसे पार्टी में, तो कोई किसी में,
शामिल हो जाएगा
एक रात में ही गुंडे से
क़ाबिल बन जाएगा।
फिर किसी जगह से चुनाव लड़ेगा
बूथ लूटने की जगह वोट माँगेगा
सारे के सारे तिकड़म भिड़ाएगा
और निश्चित ही जीत कर आएगा
फिर, वही आपका कर्णधार होगा
जो धंधा था, नियमित रोज़गार होगा
कहीं कोई चूँ-चपड़ नहीं होगी
ऐसे धंधेबाज़ों की अपनी टोली होगी
आपसी साँठगाँठ होगी
बेहिचक बंदरबाँट होगी
धनी से धनवान होता जाएगा वह
सामान्य से सर्वमान्य होता जाएगा वह

Money, like Surf Excel,
Can wipe it clean,
It can even bug and sill life and...
The accused can be placed at,
And the criminal lead the / live in top
Life of luxury in jails

Then how do you justify

पर,
सदियों से पिसता है एक सामान्य प्राणी,
भेड़-बकरियों सा कटता है एक सामान्य प्राणी
जीने की घास चरता है सामान्य प्राणी
बिना वजह मरता है सामान्य प्राणी
अब तुम्हें जागरुकता का आग़ाज़ करना होगा
तुम निरीह नहीं हो, बस यह एहसास करना होगा
जिसमें हर आम आदमी होगा एक समाज
तुम्हें सफलता ज़रूर मिलेगी
और तब कहीं हसीन होगा
अपना यह आज!

The image character
Like the past
Inscribed in small letters
On the margins of the ordinary pages

32. अरमान के आँसू

मेरे अरमान के आँसू
पलकों की किश्ती पर
आँखों के सागर में
उम्मीदी पतवार लिए
ज़िन्दगी के संग-संग
निरन्तर तैरना चाहते हैं,
किनारे तक जाना चाहते हैं!

मगर,
तूफ़ानी वजूद आएगा
एहसास को हिलाएगा
रुख़सार के समतल पर
अरमानों के मोती बिखेर जाएगा
नेस्तनाबूद कर जाएगा!

मैं जानता हूँ-
यही हश्र है
पानी के इस क़तरे का!
दिलों में पनपना
किश्ती के रास्ते आँखों में उतरना,
जीने की चाह लिए थपेड़े खाना,
फिर टूटना और बिखर जाना

32. Tears of my Desire

In the boat of my eyelids
The tears of desire
In the ocean of eyes
Hope is the shore
How we wish to swim along life
And reach the shore
But the hurricane
Shakes the feeling
And on the plain face
It will scatter tears of desire
I know
This is the plight
Of this water body
It rises in heart
And enters the eyes
In boats
Up it rides in waves
And down is thrown on shore
Beside this,
My tears

बावजूद इसके—
मेरे आँसू
एक नई उम्मीद लिए
पलकों की किश्ती पर
आँखों के सागर में
तैरना चाहते हैं
दूर तक जाना चाहते हैं,
वजह के साथ जीना चाहते हैं!

With a new hope
On the boat of my eyelids
Wish hard to swim in the ocean
They want to cover a great distance
And wish to live with a mission.

33. आस्था

मेरी आस्था
तुम्हारे मन के संग
जज़्बाती ही नहीं, बुनियादी भी है।
जिसमें अपने विश्वास का रंग डालकर
मैंने उसे और हराभरा बनाया है!
अंधविश्वास की क्यारी
लहलहाते खेतों के बीच
पैबंद-सी ही क्यों न लगे
पर हरियाली जेहनी धरती पर
मन की गहराती जड़ें
मेरे विचारों को
और स्थिरता ही प्रदान करेंगी,
जिन पर वक़्त का वृक्ष फल-फूल सके
ताकि
डालियों पर मेरी आस्था के गुलमोहर
और धरती पर बिछे
अंधविश्वास के सूखे पत्तों के
बीच का अनुपाती फ़र्क़
लोग महसूस कर सकें!

33. Faith

My faith in you
Is not only emotive, It is basic
Adding my colour to it
I have added to its luster
The row of blind faith
Amidst the, fertile field?
It could look like a park
But on the ground of mind
My heart spreading its roots deep
Will establish my thoughts better
In time it will flower
As gulmohar!
On its branches my faith
On the ground
The dry leaves of blind faith
And the difference
Between the two
Should be evident.

34. क्षोभ

क्षोभ
महज एक ऊपरी संवेदना नहीं
आंतरिक व्यथा है,
जिसकी टहनी
अगर हरी-भरी और बड़ी चाहिए
तो उस शरीर को
दुःखदायी खाद
विषाद का पानी
विक्षिप्तता की रोशनी
और कलुषित हवा
निरन्तर मिलती रहनी चाहिए।

तभी तो
उपेक्षा की कोपलें
धिक्कार की पत्तियाँ
विरक्ति के फूल
और अलगाव के फल
हर साल आएँगे

जो कभी डंक, कभी ग्लानि की तरह
कभी तड़प, आँखों में पानी की तरह
कभी प्रतिकार भरी ज़िंदगानी की तरह
तो कभी आस-पास बिखरी बदगुमानी की तरह
तेरे साथ-साथ रहेंगे।
तेरे अपने, तेरे हमराह, तेरे हमराज़ बनकर
हमेशा से, हमेशा ही, हमेशा की तरह!

34. Regret

Regret
Is not just a superficial emotion
It is a deep pathos
The branch of
Which needs to be
Green and natural
Then the body should be in
Constant supply of
The nourishment of sorrow
Water of dejection
Light of derailment
And air polluted:

This alone will bring about every year
The twigs of neglect
The leaves of condemnation
The flowers of detachment
And the fruit of separation

Sometimes like this and sometimes like regret
Sometimes like turbulence, like water in eyes
Like life caught in vengeance
Like the vengeance scattered everywhere
The will live together
Like your own, your very own
Forever.

35. चंदामामा

माँ!
मुझे चंदामामा के पास मत भेज
वहाँ अब आदमी बसने वाले हैं!
चाँद को पृथ्वी के दायरे में कसने वाले हैं
क्या उसका हाल भी पृथ्वी सा होगा?
पहले महादेश में बँटेगा
फिर देश में बँटेगा
फिर गोरे-कालों में अन्तर आएगा
फिर धर्म-जाति का मंतर आएगा
ऊँच-नीच का सृजन होगा
मर्द से औरत का विभाजन होगा
बेटे-बेटियों में फ़र्क़ होगा
नाम से काम में फ़र्क़ होगा!
लोग नाम से पहले ज़ात पूछेंगे
अपने मतलब की बात पूछेंगे
जितना अपने भले की सोचेंगे
उससे अधिक दूसरों के बुरे की सोचेंगे!

माँ,
मत भेज मुझे उस विभाजित परिवेश में
यहाँ अपनत्व की मेरी एक अलग दुनिया बसी है
जहाँ व्यापक शांति का चिर सुख है
यहाँ उस पापी दुनिया का कोई दुःख नहीं
मैं ही नहीं, हवा भी निडर है

35. Ma

Please don't send me off to Chandamama
Men have got to settle down there
It is soon to be the extension of the earth
Will it meet the plight of the earth then?
Divided first into continents and then into nations
It'll discriminate the man
Between the black and the white, man and women.
And the divide of caste and religion will be held high.
People would enquire about the caste and then see what they can draw out of you.
Not satisfied with grinding their axe.
They will dig pitches for others
Why go there, Ma!
Here at least I have people, my own,
Peace of a different kind
At least around you!
No grief affects me
I hold my head high
Am secure
In the four walls of you love,
I am happy indeed
Why not turn the world into your anchor, Ma
And hide all the foolhardies
In it's multiple folds.

महफ़ूज़ घर का मारूफ़ असर है
ममता की इस चारदीवारी में आकर
जीवन का हर क्षण एक साथ पाकर
मैं इतना खुश हूँ
मैं कितना खुश हूँ!

माँ,
हो सके तो सारी दुनिया को
तू आँचल बना ले
उन सारे बंदों को,
अक़्ल के मंदों को
इसमें छिपा ले।
शायद उनको भी बोध हो ले
नफ़रत से मोह भंग हो ले!
भाई की भाई से हो न यहाँ लड़ाई
दुश्मन और दुश्मन भी हो भाई-भाई।
आँचल में तू ऐसी दुनिया बसे दे
आदमी को तू बस 'आदमी' बना दे
रामराज्य सिर्फ़ बातें नहीं
तू अपने आँचल में दिखा दे।

माँ,
मैं चंदामामा के पास क्यों जाऊँगा?
मैं नहीं जाऊँगा!
मैं पृथ्वी पर रहूँगा
अपनी धरती पर रहूँगा
क्योंकि यहाँ मुझे
माँ का आँचल नसीब है!

Perhaps they would also realize
And shun hatred
May brethren not fight among themselves
May the enemies also be treated like friends
Beneath your anchal
May grow the utopia
Of ideal humans
A real Ramrajya!

Ma,
Why go to the moon mama?
I won't go. No way.
I'll stay on the earth
My very own earth!
This earth is green under your anchal.

36. बड़प्पन

छोटेपन का एहसास,
बड़ा बनने की कोशिश
और नाकामी की कशिश
के बीच की कड़ी है,
जो ओछी मानसिकता
और सतही संस्कार में पिसकर
अपने आपको 'बड़ा' बताकर
अपना छोटापन कम करना चाहता है।

उसे दर्शाने का यह तरीक़ा नहीं
कि उसे छोटा कहा जाए,
बल्कि उसके समानान्तर
बड़प्पन की लम्बी लकीर खींची जाए
ताकि छोटा अनुपात में और छोटा दिखे
और बड़प्पन के मापदण्ड पर नगण्य लगे!

36. Nobility

The sense of pettiness is
The link between
The craving to be big
And the pinch of failure
Grinned between shallowness
And superficiality,
Whoever wants to hide pitiness?
With a tall talk,
Don't call him names.
Just draw a line bigger
Parallel
To show what is what.

37. क्षितिज

क्षितिज तेरी दोनों बाहें
दुनियावी देह पर
ज़मीन और आसमान की तरह
दोनों तरफ इस तरह लगी रहें
जिनसे
सुबह और शाम के हाथों
तुम्हारा रोज़ आलिंगन हो—
तुझे रक्ताभ करने के लिए!

पर,
तुझे भी मालूम है कि
यह मिलन सिर्फ़ काल्पनिक क्षण है
जिसे दोनों बाहें आपस में हाथ मिलाकर
समानान्तर सच को झुठलाने की
कोशिश भर करती हैं
ताकि बढ़ती जाए तेरे जीने की आयु
और साथ-साथ
तेरे एकाकार होने की हसरत भी!

37. Horizon

Horizon - two arms of yours
On the mundane body
Like the sky and the earth
On your two shoulders!
May morning and evening
Embrace you
To paint you red.
And
I also know
This union is
An imagined moment
Where two arms shake hands
To falsify the parallel trusts
So that you live long
And may grow along you
The desire
To be one.

38. चरित्र

चरित्र! तेरे पतन में
सिर्फ आधुनिक हवा का ही दोष नहीं
बल्कि,
वैचारिक अनैतिकता, अपरिपक्व व्यावहारिकता
दोहरी मानसिकता, सामाजिक लोलुपता
और भविष्य की अनिश्चितता जैसे
रोग भी शामिल हैं
जिन्होंने साफ़-सुथरे बदन को
और दाग़दार किया है!

और ऊपर से—
सच्चों में जान-माल का डर
समाज में गुंडे-मवाली की पकड़
लालफ़ीताशाहों में फैली वेश्यावृत्ति
पुलिस की निकम्मी प्रवृत्ति
न्यायपालिका के बँधे हाथ
राजनीतिज्ञों की ढुलमुल बात—
यह सब काजल की कोठरी है
जिससे कोई आम आदमी
दामन बचाकर
निकल ही नहीं सकता!

और यह भी सच है कि
पैसों से चरित्र पर लगे दाग़ मिटाये जा सकते हैं,

38. Character

Who has taken a toll on you?
Not just the modern go of the world
But also the cerebral immortality
Immature pragmatism
People who keep lies for everyday use
Know it for sure what the definition of truth is
This is the ghee laddoo and truth batasha.
Women were blamed of these.
But it is a favourite with men too
There is a scarcity of truth in everyday speech
Lie has its own presiding deity: Saraswati-like
The eyewitness of murder is scared of speaking
the truth
The defense lawyer hardly speaks the truth.
The corrupt policeman too avoids truth
And the demagogue also has nothing to do with it.
Who is truthful in the basti of liar?.
If at all there is a brave ling, he must be kidding.
When hungry, it cries
At the sight of mother it smiles
It is taken aback at the slightest noise
It claps when others are happy
And cries when the tummy aches
He raises a furor when his fancy things aren't
bought.
Childhood is childhood

ज़िन्दगी बेची और मौत ख़रीदी जा सकती है,
दाग़ी व्यक्ति किसी भी ऊँचे ओहदे पर बैठ सकता है
और गुनाहगार जेल में सारी सुख-सुविधाएँ प्राप्त कर सकता है!

तो
क्या औचित्य है चारित्रिक छवि का?
जो अतीत की तरह
किताब के साधारण पन्नों पर
छोटे-छोटे अक्षरों में
हाशिए में लिखी मिलेगी!

And the liar is the hood of truth
As he gains in years, hell measures up to standards of falsehood.
First home, then friends
In school lives will raise
In college he'll be initiated properly in the trade
Year after year it'll sharpen
Great wealth into fetish
This cycle will gain momentum
If you look for working towards some fundamental change
You would have to immune today
From tomorrow and yesterday!
This today will
Lead kindly light
The race of life is seldom run
Either on the lost shoulders of the past
Or on the imaginary flight of future
That looks forward to
The solid foundation of present.

39. चौखट

चौखट
तूने घर को एक अभिज्ञान दिया
ऊँचाई की डगर को एक पायदान दिया!
तूने दिया है–
घर को एक घर का दर्ज़ा
ग़ैरों से परिवार को स्थिर पर्दा
दरवाजे को आँख की खूबसूरती
किवाड़ को अंदर की मज़बूती
पैर की धूल के लिए अपना सिर
निभाने का वायदा लिए उम्रभर
सिर बिछाये दरवाजे पर पड़े रहोगे
खुद मिटने तक ज़मीन में गड़े रहोगे!
घर की तेरी निरन्तर तीमारदारी
पीढ़ी दर पीढ़ी तुम्हारी वफ़ादारी
जूते चाट-चाटकर घिसता रहता है
जी हजूरी में सदा पिसता रहता है
दीवार और किवाड़ से दबता रहता है
बारिश की बौछार से सड़ता रहता है
कभी शिक़ायत भी नहीं की तूने!

पर बदले में तुम्हें मिला क्या?
बुहारन की भेंट से शुरुआत तेरी ज़िन्दगी
आते-जाते जूतों की सौग़ात तेरी ज़िन्दगी!

39. Threshold

Threshold,
You blessed the house
With a vision
And a foo holds to the highway
You granted house
The status of home
And a stable covering from the
Outer world.
The beauty of eyes to the door
Your head for the dust of feet
With commitment to honor
You would be there at the door
Pressed deep in the ground till the end!
Constant care of the home
Your loyalty for generations
You, like the sole of boots
Two hoots to your yesmanship!
You corrode under pressure
And are burdened with door and walls
The rain rots you
But you hardly complain
For all these services
What do you gain?
You begin the day with broom
Shoes come
And shoes go
Singing of Michelangelo.

40. बारिश

बारिश
तू मेरे तसव्वुर को भिगोती चल।
खुश्क सपनें
आँखों में बहुत चुभते हैं
और खुली पलकों में
नींद भी नहीं आती!
ये बूँदें
सूनी आँखों को ठंडक देगी
यादों की ख़राशें कम करेगी

ताकि
सोच की रोशनी के सामने
उदास धब्बे न हों
और जज़्बाती दिल
पथिक की तरह
आँखों के रास्ते
भावुक पगडण्डियों पर
अंदर-बाहर हो सके!

40. Rain

You get many thoughts wet
Dry dreams hurt eyes
Open eyelids hound out sleep
These drops
Will soothe the empty eyes
And the scars of memory
Would be warded away
So that
In the light of thoughts
There be no spots
And emotional heart
Like a wayfarer
May march on
The getaways of eyes.

41. झूठ

झूठ का व्यवहार
दैनिक जीवन में करनेवाले लोग
यह निश्चित जानते हैं—
कि आज के सच की परिभाषा क्या है।
झूठ, घी का अधमना लड्डू और सच बताशा है
औरतों की फ़ितरत कहानेवाली थी ये बातें
पर अब मर्द भी अपनी जुबान पर हैं लाते
बोलचाल में सत्य की नगण्यता है
सरस्वती-सा झूठ मचलता है।
हत्या का चश्मदीद गवाह, डर से सच नहीं बोलता
बचाव पक्ष का वक़ील, कभी सच नहीं बोलता
रिश्वतख़ोर पुलिस, सच को सच नहीं बोलता
राजनेता चुनावी वायदे कर सच नहीं बोलता
झूठों की बस्ती में बताओ कौन सच्चा है
कोई माई का लाल अगर है,तो वह दूध पीता बच्चा है—
जो भूख लगती है तो रोता है
माँ को देखता है तो हँसता है
आसपास की आवाज़ पर चौंकता है
लोगों को खुश देख ताली बजाता है
पेट-दर्द से खूब चिल्लाता है
और हठ पूरा न होने पर झल्लाता है।
बचपन का यह सच अनूठा है
इसीलिए झूठ की परिधि में झूठा है।
जैसे-जैसे वह बड़ा होता जाएगा
झूठ के मापदण्ड पर खरा उतरता जाएगा।

41. Lie

For generations it'll be under the thumb
And then it'll sink in
The mud of religion
The touchstone of values it'll vouch on
On the flame of election
Caste and religious sentiments
Will be put to boil
Conversion and caste politics
Will be on cards
There'll be a tumult in the parliament
And then on the false issue they'll all unite
They can blackmail each other
So they decide to put their heads together
And laws will be framed to win the heart of
common man

पहले घर से शुरुआत होगी
फिर सब साथियों में बात होगी
स्कूल में आये दिन झूठ की बरसात होगी
फिर कॉलेज को इस इल्म की सौग़ात होगी
उम्र के साथ-साथ और पैनापन आएगा
झूठ के नाम के साथ-साथ बेशुमार धन आएगा।
यह चक्र तेज़ी से कार्यरत होगा
पीढ़ियों तक चलकर वंशानुगत होगा
फिर, जाति-धर्म में इसकी पैठ बढेगी
मूल्यों के मापदण्ड पर इसकी आन चढेगी।
राजनीतिक दल इन बातों को उछालेंगे
चुनाव की आँच पर जाति-धर्म उबालेंगे
धर्मातंरण की बात आएगी
जातीय मतभेद की बात आएगी।
फिर संसद में बवाल होगा
अपने अपने मतलब का सवाल होगा।
पर झूठ के मुद्दे पर सब दल एकमत हो जाएँगे
पोल खुलने के डर से सहमत हो जाएँगे
फिर, यह क़ानून की शक़्ल अख़्तियार कर लेगा
सारे आवाम के दिल पर अधिकार कर लेगा।
सच की मौत होगी
सतयुग की पत्नी, इस युग में सौत होगी।
सारे देश मे सिर्फ़ यही राग होगा
झूठ की किरणों से अनुराग होगा।
सच्चाई की ऊष्मा
झूठ से ठंडी पड़ जाएगी
तब झूठ बोलने वाले
यह मान कर चलेंगे कि—
सच की यही परिभाषा है!

Truth will be hanged to death
Wife in satsung, stop co-wife now
The whole country will reverberate with the song
Lies, lies, lies all along
The rays of lies shall outshine the truth
It'll tell upon its warmth
And the liars will put truth to
A different definition

42. व्यंजन

बुराई का व्यंजन
उत्तम, सबसे उत्तम भोजन है
क्योंकि ज़ायक़ेदार होने के साथ-साथ
सस्ते दामों पर सर्वत्र उपलब्ध है
चाहे—
व्यक्ति के व्यभिचार में
हर घर, हर परिवार में
गाँव के बाज़ार में
शहरों के व्यापार में
राजकीय सरकार में
क्या, पूरे इस संसार में!

उगानेवालों की बहुतायत है
बनाना और बेचना दोनों जायज़ है
अब झूठ बोलना बुराई कहाँ? —पाक कला है
जो उद्योग की तरह पूरे देश में फैला-फैला है
अपनी सरकार इसके विकास में समुचित मदद भी कर रही है,
अपने भरोसेमंद लोगों से नुमाइश, नुमाइंदगी भी करा रही है
ताकि यह लघु उद्योग अब भारी उद्योग में परिणित हो सके।

हर क़स्बे-सूबे में राजनीतिक रसोइये नियुक्त होंगे
जो बुराई का शोरबा डालकर
व्यंजन को लज़्ज़तदार बनाएँगे,
छुटभैये उसे रंगदारी के थाल में डालकर

42. Dishes

The dish of evil is the best
Because it is not only tasty
It is readily available everywhere
Still individual slips
At home, in every family
In the village market
In the town trade
In the govt. administration
Everyone in the wide world.

Many a man grows evil
Looking and selling is a legal trade
Evil, well, it's just a culinary skill
Cookery is a rampant industry
Govt. aided
Proper advertisement support it
And soon it'll graduate from a
Cottage industry to a major industry
Political cooks would be
Employed everywhere
And with the soup of evil
It'll enrich the dish

धमकी के चम्मच से परोसकर
फ़िरौती की चटनी चटाएँगे
ताकि खानेवालों को कोई तकलीफ़ न हो
और बुराई का स्वाद निरन्तर बढता रहे!

Trainee criminals will serve it in polished place
Spoons of threat!
Ransom money, as sauce will be served promptly
So that those been served feel like kings
And the taste of evil is enhanced

43. बचपन

बचपन की जब याद मैं करता, आँखों में कुछ तैरने लगता
कितने सारे सपने आते, जीवन को पीछे ले जाते
जिसके साथ मैं चल सकता हूँ, आँखें खोल के जग सकता हूँ
देख रहा हूँ बीते पल, बचपन तेरे मीठे फल
घर के आँगन प्यार के क्षण, खट्टे-मीठे लगते क्षण
दिनचर्या भी बड़ी ग़ज़ब थी, कहाँ शुरू और कहाँ ख़तम थी
रोज़-रोज फ़ेहरिस्त बढ़ गयी, एक ज़िन्दगी कम पड़ गयी
माँ की आँखों का था तारा, बाबूजी को जान से प्यारा
शोर-शराबा जा भी करता, घर के लोगों पर को था भाता
जब कोई तारीफ़ था करता, कहता 'यह सब मुझ सा करता'
बचपन का वह अदभुत खेल, गुड्डा-गुड्डी, छुक-छुक रेल
गिल्ली-डंडा, दौड़ की ठानी, चोर-सिपाही, डेंगा-पानी
डोला-पत्ता, लुक्का-छिप्पी, एकट-दुक्कट, गहना-गोटी
मेड़ से मेड़ भागते रहना, रुककर झुककर हाँफते रहना
भूख लगी तो घर को आना, माँ के हाथों कौर से खाना
बारिश में नित भीगते रहना, घर आकर फिर छींकते रहना
देह पोंछ कर गोद बिठाकर, माँ की मालिश आग जलाकर
बाबूजी का डाँट पिलाना, माँ का 'कुछ कह' मुझे बचाना
माँ की गोद में आ गया मैं जब, सारी जन्नत पा गया मैं तब
भाई-बहन से रोज़ का लड़ना, अगले पल ही मिलकर चलना
मुँह चिढ़ाकर; मुँह बिचकाकर, अपनी ग़लती छिपा-छिपाकर
उनकी बातें बढ़ा-चढ़ाकर, पिटवाने का भय दिखलाकर
अपनी बातें मैं मनवा लूँ, आँख नचाकर मैं जतला दूँ
फिर भी हम सब साथ में रहते, बातें सबकी सुनते-कहते

43. Childhood

Thoughts of Childhood reduces me to tears
Dreams drive in back gear,
There are movements to walk along with
There are moments to sing a song with:
The courtyard of the ancestral house:
God alone knows - where the day began, where it ended,
The day too short, the lands too full!
Parents pet, their eyes wet
With pleasure of seeking resemblances!
Something or the other all day:
Toy train, doll's house, all local games
Rooted in the ground
Running around
From pillar to post,
Applauded by guests, by hosts,
Bathing in rain, then wreathing in pain
With sneezy fever and the long terrain of
Drama's hot oil massage tender,
How I wonder
What all they had to say
To save me from father's wrath,
Her lap my little heaven,
The little tiffs with siblings
The leg-pullings,
The endless gossip sessions,

यह सब कितना प्यारा सच था, हरपल जब अनमोल रतन था
अब कितना भी धन-शोहरत है, बालापन का धन अदभुत है
सारा धन संसार तू ले ले, पर बचपन के सुख वे दे दे!
परियों का संसार हमारा, परियों से वह प्यार हमारा
हरपल सोचूँ दिन या रात, सामने दिखता कल की बात
अब वैसा संसार नहीं है, अब पहले जैसा प्यार नहीं है!
बढ़ती उम्र से फ़र्क़ आ गया, ऊँच-नीच का तर्क आ गया
चाह नहीं है यह सब मुझको, रास नहीं आता यह हमको
मुझको मेरा बचपन दे दे, मन को वही लड़कपन दे दे!

Toy-threats-
How I miss them all
Amidst all splendors,
I wonder
If at all I can exchange
The childhood wonders
With the thunders of the
Adulthood:
Ups and downs, divisions man-made.

44. कहावत

कहावतों की प्रथा पुरानी
हमें सुनाती दादी-नानी
आस-पास की बिखरी बातें
ज्ञान भरी, खरी सी बातें
धर्म से शिक्षा लेनेवाली
भले की दीक्षा देनेवाली
उपदेशों से भरी हुई थी
सौ-सौ मोती जड़ी हुई थी!

अब तो कलयुग का है ज़ोर
फटही डफ़ली, झूठ का शोर
माने-मतलब व्यर्थ हो गया
अर्थ का अनर्थ हो गया
जग का शुद्ध विचार मर गया
वस्त्रों का आकार घट गया
वस्त्रहीन अब तन हो गया
सबसे ऊपर धन हो गया
मन और तन दोनों हैं नंगे
फूटी कठवत्त, हरहर गंगे
अब तो सब इतिहास हो गया
सच पूरा उपहास हो गया।

44. Proverbs

All civilizations
Have in store
Proverbs and hearsays
Traveling down the generations
Words scattered all around
Wise words, gleaming with honesty!
Words barrowing paradigms from religion
And words preaching the good.
Full of sermons!
Pearl-white.
Kalyug has let loose noise and lies,
Words have lost their nascent glow
The pure thought of the world is deaed
Clothes have been cut short
Naked bodies, opulence odd,
Nakedness is the mad queen,
All proverbs are gone to dogs.

45. सन्नाटा

अब उस सन्नाटे से डर लगता है
जिसे मैं छोड़ आया था
जीवन के उजड़े घर में।

हवाओं की साँय-साँय
सूखे पत्तों की खड़खड़ाहट
दीवारों पर बढ़ती परछाइयाँ
कर्णभेदी बादलों की गड़गड़ाहट
दूर कोने में कुत्ते का रोना
चमगादड़ों के उड़ने की फड़फड़ाहट
यदा-कदा तन्हाइयों को ढाढस-सी बँधाती है!
मन के पुल पर किसी रेल-सी गुज़र जाती है।
जो लम्बी रातों के खलिहान में एक जौ के बराबर है
किसी घुप्प अँधेरे में टिमटिमाती लौ के बराबर है!
अँधेरे में भय से मेरी फैलती आँखें
ज़िन्दगी के शजर पर बियावान शाखें
जैसे अंधों की आँखों में सहर सा लगता है...
सूनी आँखों में चमचमाता मंज़र सा लगता है!

रोशनी अँधेरे की मोहताज़ न होने पाए
ज़ख़्मों के कोढ़ पर खाज न होने पाए
ख़ामोशी शोर का सरताज़ न होने पाए
और डरना जीने का अंदाज़ न होने पाए!
मेरी ज़िन्दगी में मेरा अपना रंग हो

45. Stillness

Shall put the fertilizer of time
And water it with exceptions
So that
Curiosity sprouts
Hubbub breaks to plants
Footsteps should grow up into a
Full-fledged tree.
Sound should break with fresh leaves
And the atmosphere be full of

हर चीज़ परखने का अपना ढंग हो
एकांत के शरीर का चुप्पी अंग हो
और खुशियों का यथार्थ से मोह-भंग हो

और तब
उस सन्नाटे को
मैं इस आज में बोऊँगा
उर्वर समतल ज़मीन पर
वक़्त की खाद दूँगा
अरमानी शीतल हवाओं के साथ
अपेक्षाओं का पानी दूँगा
ताकि
सुगबुगाहट के अँकुर फूटे
सुरसुराहट के पौधे आये
आहट का पेड़ खड़ा हो
आवाज की कोपलें आएँ
और सुरीली धुनें निकलें, गूँजें

इस सुखद परिवेश में
बरगद के वेश में
मैं कोलाहल का कोई भी
दरख़्त नहीं चाहता!

Sweet rhymes and echoes
In this jungle of peace-banyans,
No tree of noise please!

46. हिचकी

हिचकी तेरे कई रूप हैं
चिंतित छाँव में डरी-सी धूप है
यह क्रिया है विचलित तन की
तन पर छाया, देता मन की!

पहली हिचकी बालापन की
माँ की चिन्ता इस उलझन की
नानी ने सुलझायी गुत्थी—
'लाल के पेट की हो रही वृद्धि'
सुनकर माँ को चैन आ गयी
हिचकी मन को बहुत भा गयी!

अगली हिचकी मधुशाला की
गटक मार पीते हाला की
साक़ी ने दी बहुत शराब
हिचकी बढ़ गयी अपने आप
जो आँखों से पीना सीखे
हिचकी पर हिचकी तब दीखे!

अन्तिम हिचकी बूढ़ेपन की
मृत्यु से उभरी हर उलझन की
लोग खड़े हैं, इंतज़ार है
हिचकी आती बार-बार है
संग डोलती मन से तन तक
अलविदा के अन्तिम क्षण तक!

46. Hiccup

You have many of form
Anxious shadow, terror sunlight
This is the act of a perturbed body,
Coats the shadow of feelings in it.
First hiccup of infancy!
Ma upset-
Nani explains-
The tummy of the babe expands
Ma at peace-
Pleased with it!

Second hiccup of drunkenness
Gulping down it all-
Barmaid's magnanimity:
A sip from the cup,
Another from the eyes
And you know for yourself what it is.

Last hiccup of old age
Struggling with death
People all around
Waiting for the last breath
How it swings together with the
Body and the mind
Till the last breath!

47. सम्बन्ध

सम्बन्ध का दरिया
आसपास के रिश्तों को
अपने अंदर फ़ना कर
जिंदगी को धारा-प्रवाह बनाता है
जिसमें निरन्तर बहाव के साथ-साथ
मूल्यों का ठहराव भी ज़रूरी है

आपसी कोलाहल से
निश्चय ही सतह पर तरंगें उभरेंगी,
संदेह का एक भी कंकड़
पूरे जलप्रवाह को विचलित कर सकता है
और विश्वास तट को तोड़ता,
विलोम तरंगें प्रवाहित कर सकता है!

सम्बन्ध प्रगाढ़ हो
इसलिए ज़रूरी है कि-
संदेह की जलकुम्भी हटाओ,
स्थिरता का तटबंध बनाओ,
भाईचारे की फ़सल उगाओ,
अच्छाई मिल-बाँट के खाओ
तभी अपने परिवेश को चंगा बना सकोगे,
निश्छल प्रेम की गंगा बहा सकोगे!

47. Relationship

The river of relationship
With close relations
Buried inside
Life must flow on,
But this flow must be checked
Values are there to establish
In mutual chaos
There would buzz off
Currents on the surface
Even on pebble of doubt
Would upset the flow
And off the shore of faith
Would flow currents in opposite direction
For the relationship to be intense
The waterweeds of suspicious must be cast aside
The dame of stability must a set in
Fraternity must be grown
And goodness shared.
This is the only remedy,
The only way out!
The Gangas of love must flow!

48. मुखौटा

अब उन चेहरों से
झूठ का मुखौटा उतार दो—
जो साफ़-सफ़ेद रंग चढ़ाकर
चेहरे की कालिख छिपाकर
लोगों को झूठी तस्वीर दिखा जाते हैं,
अपनी असलियत छिपा जाते हैं!

इसे उजागर करना ज़रूरी है, मजबूरी नहीं
यह वक़्त की माँग है, ख़ानापूरी नहीं
रंग-भेद की अपनी नीति होनी चाहिए,
अच्छे-बुरे की सच्ची परख होनी चाहिए
तमाम ऊँगलियों के नाखून बढ़े हों
काटनेवाले सब दाँत और पैने हों!
जतलाने का प्रयास सच्चा हो
जुनून क्षणिक नहीं, पक्का हो,
समरूप मुद्दों से लड़ने का माद्दा हो
इनक़लाबी वज़ीर हो, न कि कटने वाला प्यादा हो
सफ़ेद झूठ की कालिख रातें ख़त्म होंगी
इक़बालिया सच की सवालिया बातें ख़त्म होंगी
सच तुम्हारे समीप सूर्य की
कुछ नई किरणें लाएगा
जिसकी त्वचाभेदी रोशनी में
आदमी, आदमी को देख पाएगा
'आदमी' पहचाननेवालों को

48. Masks

Now peel
The mask off their faces
That paint them white
And hide their motives dark
Present a picture false
And gulp down reality

Exposing them is a must
You can't opt out. The hour demands this.
One must know the good from the bad
And the white from the black
Sharp nails and teeth create
New ethics.
Call a spade a spade
And don't evade
Issues that demand attention
Must you fight on issues
And see to it
That your ministers
Carry out
All that you dream
Endless debates on revolution
Must end with a real resolution
This alone will end the unending right of false-
hood
And the new rays of a

हरगिज़ दिक़्क़त नहीं होगी
क्योंकि,
अब लोग
मुखौटे के अंदर की
भाषा की सलाहियत समझने लगे हैं!

Brighter morning
Shall reveal man to man
One would easily tell
Appearance from reality
For the language of masks
Is known to everybody.

49. साँप

दाँत काटकर
दूसरों को सतानेवाले लोग,
अपनी विवशता बतानेवाले लोग
आत्मरक्षा की बात तो उठाते हैं
पर साँप पर तोहमत भी लगाते हैं—
क्यों अपने गुस्से पर विवेक का पर्दा नहीं डालता?
क्यों काटने के पहले शिकार पर नहीं फुफकारता??
मौक़ा देता कि डँसे जाने के पहले आदमी भाग जाता!

किन्तु,
आदमी की फ़ितरत तो दूसरी है
मौक़े का फ़ायदा उठाना, उसके लिए ज़रूरी है
तभी तो बिना सूचना के काट खाता है,
पीठ पर के वार से शिकार पाता है
लहूलुहान जिस्म इसे बुरा नहीं लगता
काटनेवाले का जुल्म इसे बड़ा नहीं लगता!
दाँतों में पैनापन आ गया है!
विष का अपनापन भा गया है!
इसकी अदा जानवरों से भिन्न है
क्योंकि यह अपनी जाति को खानेवाला जिन्न है!

इसके इस बदलाव से नागराज भी अब डरने लगे हैं

49. Snake

People who bite and vex others
Are always busy
Explaining and
Complaining
They talk of defense
And accuse the serpent
Why can't he check his rage
Why does he not have the wisdom of a sage?
Why doesn't he raise
Before a bite
One chance of escape,
One at least is justified
Man and his conduct!
Chances he must avail,
But does he give others a chance?
He bites before a single warning
And stabs at the back
Does he dread a bleeding body?
Why should he mind the tit for the tat?
His teeth are sharp
And the venom dark
How it licks it all
And enjoys the kick!
His gestures are different from the beasts
And he feeds on his own kind like the genie Reats.
Even the king of serpents

शहर छोड़, जंगल की ओर रुख़ करने लगे हैं
अब इस विचित्र शहर से उनका क्या है लेना-देना
जब साँप ही आदमी के रूप में पलने लगे हैं!

Dreads this change
From the city to the jungle they retreat
What the hell are they going to do here?
Here snakes in human form you can meet!

50. रक्षक

रक्षक
तेरे वे रूप दिखा करें
जिनमें तू करता था–
व्यक्ति का रखरखाव,
अपने परिवार का बचाव,
गाँव में सुखद बरताव
समाज में सदभाव,
रोकता पथराव,
अलगाव!

न कि तू उन रूपों में मिलाकर
जिनमें–
मेड़ खुद ही खेत खाने लगे,
बिजली, आसमां जलाने लगे,
ज़लज़लों से धरती पिघल जा,
सूर्य अपनी ही आग में जल जाए
पुलिस हर रंग में भंग डाले
माँ अपने बच्चों को मार डाले
बाप अपनी बेटी से धंधा करवाए!
चिराग़ अपने घर को ही जलाए
बंदूक़ का खुद पर वार हो
सैनिक दुश्मनी पर निसार हो

अब लगता है कि–
रक्षक शब्द के मायने बदल गये हैं
भक्षक के रूप में ढल गये हैं!

50. Saviour

We remember you protecting people
Saving your liar,
Behaving well with villagers
Taking care of others
Preventing putting pressure of sorts

Please, now don't change your ways and gestures
Don't meet us in forms
Where the boundary devours the fired
The lightning strikes the sky
The earth melts in volcanoes,
The sun burns in his own heat,
The police disrupt the peace of his golden hue.
Mother kills her own kids,
Father acts as the pimp of his own daughter
The gun shoots itself
The soldier hails his own enemy
Now it seems
Words have shed their old meanings
And the saviors have emerged as the read butch-
ers.

51. दोस्ती

दोस्ती,
चने के बीज की तरह है
जिसे स्वार्थ के
उबड़-खाबड़ पहाड़ पर
छोड़ दो
तो
सूख जाएगा,

जल के तल में
छोड़ दो
तो
सड़ जाएगा!

उसे विकसित फलदायक
पौधा बनाना है
तो
उसे सौहार्द की धरती पर बोओ
सदव्यवहारों की नमी
प्रेम की धूप
और उदारता की हवा दो
फिर
सुनिश्चित करो
कि इन तत्त्वों का अनुपात
समुचित और निरन्तर
बना रहे ।

51. Friendship

Friendship
Is like a grain of seed
Leave its on the uneven hillocks of selfishness
And is sure to dry up
Leave it in the
The depth of water
And is sure to rot
If you wish it to proliferate
Into a healthy plant
Sow its on the ground of goodwill
Decent conduct will
Moisten it,
Love will play its wind
Ascertain
The right proportion
Of all the elements
And also its constant supply.

52. कुर्सी

कुर्सी
एक काठ का ढाँचा मात्र नहीं
एक शाहकार है,
जिसके निर्माण में
पूरी बिरादरी के लोग हिस्सेदार है–
लकड़हारा लकड़ी काटकर लाता है
बढ़ई उसकी कुर्सी बनाता है
दुकानदार उसे बेचने को ले जाते हैं
फिर हम-आप उसे ख़रीद लाते हैं
दालान, ड्राईगरूम में उससे शोभा बढ़ती है
सुख-दुःख के हरपल में सबके साथ रहती है
पीढ़ी दर पीढ़ी लोगों को गोद में बिठाती है
परिवार में अभिन्न सदस्यों सा घुलमिल जाती है

पर बदरंग होते ही आँगन में लोग ठेल आते हैं
अचार, इमली तो कभी पापड़ सुखाते हैं
ढुलमुल कुर्सी के नीचे कूट की पचड़ी लगाते हैं
इधर-उधर डोलने से तब उसे रोक पाते हैं
टूटे पाँव के नीचे ईंट की थाक लगायी जाती है
तब कहीं कुर्सी को गिरने से बचायी जाती है
यह सब एक आम कुर्सी का निश्छल चरित्र है
पर सियासत की कुर्सी की लीला विचित्र है
जहाँ कुर्सी सिर के ऊपर बैठती है
अपनी ऊँचाई पर हरदम ऐंठती है

52. Chair

Not just a wooden frame
It is the grand nature
The whole community contributes to its being
The woodcutter cuts the wood
The carpenter designs it
The shopkeeper puts it on the display
And we buy it
It adds to the grandeur of the sitting room and the veranda
For generations it is there to offer a seat
As an intimate of the household
It is there for long
And then as its paint and polish fades
People push it out to the outer space
For the seasoning of pickle tamarind and papad

Somehow a leg is gone
And it goes off-balance
People establish it by shipping the cardboard beneath
Sometimes a pile of bricks is adjusted underneath
Somehow the chair is saved from a role
All this is woven around the character of a common chair

But a politician's chair

क्योंकि,
हर कोई इसकी आराधना में लगा रहता है
उपासक जैसी उपासना में लगा रहता है
जलखई-कलेवे में कुर्सी परोसी जाती है
खुद भी गिर पड़ो, तो कुर्सी ही कोसी जाती है
कुर्सी तेरे लिए लोगों की जान तक चली जाती है
कुर्सी के बचाव में अपने जान पर भी बन आती है
इसलिए कुर्सी हर आयाम में
जीत का हक़दार होती है
और हर तबक़े के लोगों का
तभी तो प्यार संजोती है
चाहे मनुहार का कोई भी समय हो
ऐ कुर्सी! हमेशा ही तेरी जय हो!

Is a different altogether
This chair is worn as a crown
And it bosses around like some Mr. Brown
People worship and treat it as yet another alter
It is lain like breakfast
And condemned for all falls
People lay their lives for it; sometime they unite and fight over it.
Whatever be the times,
The boss is always right,
So.... the Boss!
And the Boss's chair!

53. दो-तिहाई आबादी

देश की दो-तिहाई आबादी
जिनकी ज़िन्दगी सीधी-सादी
वह गाँव में रहती हैं
सब दुःख-दर्द सहती हैं
और देती हैं सौ करोड़ों पेटों को निवाला!
पर कहाँ है देश की अर्थव्यवस्था पर उसका बोलबाला?
महरूम रहती हैं रोज़मर्रा की चीज़ों से
मार भी ज़्यादा सहती है, बजट के नतीजों से
वो सारी सुख-सुविधाएँ
जो लोगों को मुहैया कराए
उसकी भूमिका इसमें 'मेन' है
आँखों को सुकून देनेवाली
हर जगह फैली हरियाली उसी की देन है

वह इंतज़ार कर रही है
गुहार कर रही है
कि कैसे अलग-थलग फैली हरियाली के बीच से
एक रास्ता निकाल सके,
बँटवारे में बनी मेड़ों को
आम सड़कों से जोड़ सके
फटी बिवाईवाले पाँव
कादो भरी पगडण्डी से निकाल कर
शहरों की ओर मोड़ सके
आपस की खाई को पाट कर
दिल को दिल से जोड़ सके!

53. Two-third of the population

Two third of the population
Is plain and simple
It is in the village,
Bearing in all
Feeding crores of men and women!
The fiscal system draws from it
And yet main it a say
It is denied then the
Basics of life.
The budget is callous to it
It bestows all amenities
On others,
The soothing greenery spread all over is its
Gift to us
It still awaits how to draw a path
Amidst the greener patches,
How to divert
Dividing line on the field
To some canal of advantage -
Open-to all!
How to turn
The mud-soaked sore feet
Towards city,
How to bridge the gap
Between hearts!

54. घड़ी

घड़ी
तेरा घड़ी-घड़ी घूमना,
हर घड़ी आगे बढ़ना,
समय के लय के साथ सुर मिलाना
हर क्षण वर्त्तमान से आगे बढ़ जाना–
तेरी प्रगति का सूचक है
तूने अपने साये को
विश्राम के पाये को,
अपने अतीत की आँखों से
एक प्रतिबिम्ब की शक़्ल में
कभी नहीं देखा–

क्या यह
सत्य नहीं है?
जिसे लोग अपनी ज़िन्दगी में
उतार नहीं पाते,
अपनी जाहिली ठहराव और
बासी रखरखाव पर
संचित विवेक और
आधुनिक तकनीक की
छोटी-बड़ी सूई
लगा नहीं पाते?

समय के साथ या आगे चलना

54. Time Piece

You tick off and move on
Striking a reason with time,
You push ahead of the present
How very progressive
Your shadow
Your resting pillar
You never dismissed
With the eyes of the past!
As just a reflection!

Isn't it true?
That people are not able to shed off
They can't check and fix
The small arms of
Accumulated wisdom and modern technique on
Clumsy inertia and
Rotten maintenance!

It is not just the demand of the tune,

टिक-टिक की लय पर थिरकना-मचलना
आज की माँग ही नहीं, मजबूरी है
जिसे हौसले के डग से नापो तो
मंज़िल की क्या दूरी है?
अगर हर घण्टे भी
एक क़दम आगे बढ़ाओगे
तो वर्त्तमान से चौबीस क़दम
आगे निकल जाओगे!

घड़ी की टिक-टिक सुनाकर
घड़ी के उस क़दम के आगे जाकर
अगर तुम एक और क़दम बढ़ा सको,
तो क्षण को समय के चंगुल से निकाल सकोगे
अपनी फ़ौलादी मुट्ठी में दबा सकोगे
तभी समय की सही पहचान होगी,
वह घड़ी सचमुच मूल्यवान होगी!

Treat it as compulsion:
Go beyond or least
Fall in pace with time,
Weigh every step with gusts
And your destination is right there,
Even an step ahead every hour

Will take you
24 steps ahead of time!
Paying head to its tick-tick
If you cast one step ahead
You would break lose of tentacles of time
And in your iron fist will lie
The true identity of time.
That particular moment
Will be precious indeed!

55. ज़मीन

ज़मीन
पृथ्वी के गर्भ
और आसमान के बीच का
सिर्फ अन्तर नहीं
बल्कि,
वह हमारी थाती है—
जो अपनी उपस्थिति का एहसास सदा कराती है,
जिसकी छाती पर जीव-जन्तु चलते हैं
परिन्दे उसकी पीठ पर आसमान से उतरते हैं
मेघ का पानी छनकर इसके तल में समा जाता है
तो कभी चहलक़दमी कर सागर में चला जाता है
वह ज्वालामुखी को अपने गर्भ में रोक पाती है
तो उसकी उपजाऊ धरती पर सालोसाल फ़सल उगायी जाती है
पहाड़ की ऊँचाई उसके सिर से नापी जाती है
और खाई की गहराई उसके तलवों से आँकी जाती है

ज़मीनी दायरे में सब उसके मित्र हैं,
यही निश्छल ज़मीन का सुंदर चरित्र है!
साथ-साथ उसे यह गरिमा हासिल है
कि रोज़मर्रा की बातों में शामिल है—
चाहे ज़मीन से ऊपर उड़ने की बात हो
या ज़मीन में गड़ने की,
ज़मीन से जुड़े होने की बात हो
या ज़मीन पर उतरने की!

55. Land

The ground is not just the space between
The womb of the earth
And the sky.
It is the surface
Which reminds you of its presence
Always.
Creatures tread on its surface
Birds launch on its chest
The rainwater it filters through it
And sometimes it just bypasses it
To walk back to the ocean!
Sometimes it
Stalls volcanoes
In its womb
And then on its fertile soul
Are grown crops for years.
The height of our mountains is
Measured with its head.
And the depth of the valley with its feet.
All within the fold of the earth are its friends,
Such is the mighty character of the earth,
Its added glory is its involvement deep
With everyday realities
Be they the discussions on the flight away from
earth
Or those of being buried down,
Being connected with ground realities
Or those of descending down!

56. क़ाबिलीयत

मेरी अहमियत
रेलगाड़ी के छुक-छुक की तरह
एक नियमित ताल है
जिसके साथ लोग
अपनी धुनें गुनगुनाते हैं—
कभी तीन ताल, कहरवा
तो कभी दादरा पर
अपनी-अपनी डींगें हाँकते हैं!

मैं लयबद्ध रहता हूँ
तालबद्ध रहता हूँ
थाप पर टस से मस नहीं होता
तराना-आलाप पर बेबस नहीं होता!
कभी बिरहा, कभी टप्पा
कभी सोहर, कभी ठुमरी
कभी ख़्याल, कभी गीत
कभी ग़ज़ल, कोई भी संगीत!
सब मेरी ताल पर झूमते हैं
अपनी जिह्वा से मेरी थिरकन चूमते हैं

क्योंकि,
जानते हैं सब
मेरे बगैर
इन सुरमालाओं की

56. Worth

My worth is like the regular beat of
Chuk-chuk of the train
People hum along with it
Their own tunes
Sometimes in Kaharwa,
Sometimes in Teental
And Dadra they talk all.
I don't fall out of rhyme of reason
It does not budge
From my plotline
Nothing excites me beyond
My hold!
Birha sometimes, sometimes tappa
Khayal sometimes, sometimes Thumri
All rock and roll
Against my tune
They kiss my vibrations with their tongue.

कितनी सतही अहमियत है,
और
वास्तव में
यही मेरी क़ाबिलीयत है!

For they all know
Without me all melodies lie
Lackluster.
In reality
This is my worth.

57. तरंग

जल की तरंग में
सिर्फ क्षणिक उमंग का ज़ोर नहीं होता,
न ही बजते मृदंग का शोर होता है
बल्कि वह तो एक आंतरिक क़श्मक़श है
जिसकी ज़ोर आजमाइश में
स्थिर साँसों को गति मिलती है

कारण चाहे जो भी हो–
मछलियों के बुलबुले की आंतरिक उछाल
या नटखट कंकड़ों का बाहरी धमाल–
ये संजीवनी की तरह
मुर्दे की साँसों में धड़कनें फूँक देते हैं!
पानी के अंदर से फूटती खुशियाँ
या आसमान से टपकते ग़मों से
चुप्पी टूटने की आवाज़ें निकलती हैं
छोटी-बड़ी तरंगों का फिर दायरा बढ़ता है!
और किनारे तक जाकर टूट जाते हैं वे सपनें
जिन्हें झील ने अपनी आँखों में
हर पल बुना था!

57. Ripple

In the ripple waters we hear
Not the momentary gusto
Nor the chaos of the beating drum
It is an internal dilemma
Which tunes in.....
Momentum in the breath...
Whatever be the reason
The internal thrust of the fish bubble
Or the splash of naughty pebbles
They make the corpses sit-up
With their Sanjeevani effects.
The joys sparkling out of water
The sorrow raining from the sky,
Silence breaks in to multiple toungues.
And the. ripple great and small
extends its rays
At banks these dreams subside.
Currents are the dreams
That the eyes of the lake
Had always treasured.

58. सड़क

सड़क
शहर को जोड़ने वाली राह है
जिसकी लम्बी बाँह है,
वह गाँव के सागर को
अपने मज़बूत हाथों से चीरती
किनारे तक हमेशा जाती है,
जिसकी सीमा से लगे पहले शहर बसा था
पहले कच्ची-सिकुड़ी पगडण्डी थी,
अब शहर में पक्की सड़क है
जिसपर गाड़ियाँ चलती हैं
बैलगाड़ियों की घण्टियाँ टुन-टुन बजती हैं,
घोड़े दौड़ते हैं
पथिक दिनरात चलते हैं
पर सड़क वहीं की वहीं रुकी रहती है!
अपने सीने पर पैरों के अनगिनत धक्के,
धूप, पानी, सर्द, हवा- सब सहती हैं
सरकार और रिआया दोनों इसे मुद्दा बनाते हैं
टूटी-फूटी तो कभी चिकनी सतह पर अपनी राजनीति चलाते हैं
सड़क की व्यथा की किसको क्या पड़ी है?
इन्हीं बातों पर तो राजनीति खड़ी है!

58. Road

Roads keep the city connected.
They stretch like long arms beyond themselves.
Tearing off the ocean of the village
It takes it to the end where the city is.
Once a zigzag way
It is a pitch road now
Cars ply on them
Bullockcarts too tread along
Horses runs across,
Travelers move on,
But the road does not budge an inch
Bearing all rush, all odds of weather
It remains where it has always been
Both the government and the public
Blow it up as an issue.
Sometimes on the uneven road,
Sometimes On the smooth one
They ply their politics.
Who bothers for the road?
Politics has its roots in callousness.

59. सवाल

क्या होंगे जवाब
उन सवालों के
जो उठ रहे हैं-
हर तरफ़, हर जगह, हर घड़ी?
शिक्षाहीन विद्यालय
गैरज़िम्मेदाराना समाज,
खोखली व्यवस्था
और रीढ़हीन व्यक्ति!
और भी कई अनगिनत सवाल हैं
जो लाजवाब हमें कर जाते हैं

प्रतिस्पर्द्धा के मंच पर
विकसित किरदार
अपनी अदायगी में
खरा उतरता है,
और
हम हैं कि
डींगें हाँकते रह जाते हैं
अपने खुशहाल विकसित अतीत की
जिसके छत रहित खंडहर में
आदमक़द घासों के बीच
एक कोने में दुबक कर
बारिश से बचने का
असफल प्रयास करता है
आज का अविकसित परिवेश!
क्या ये सवाल अब लाज़िमी नहीं?

59. Queries

What would be the reply
Of the queries
Which are raised
Everywhere, all around, ever moment,
School sans education
Society sans responsibility
Hollow management .
Spineless man!
May more questions
Render us speechless
The character raised on the dais of competition
Acts pretty well
And we go on boasting about
A golden past
Past under the roofless ruins of which
Amidst grass of human heights
We try to hide
And save ourselves
From rain
But in vain

60. स्वार्थ

वे लोग जो आये दिन
जानबूझकर
जनहित की बात करते हैं
वे वैसे लोग हैं
जो नये युग की आड़ में
अपनी मनचाही सरकार में
दूसरों को बरग़ला कर
बहला फुसला कर
एहसान जतलाकर
अपना मतलब निकालकर
समाज में फैली व्यापक बुराइयों की बात करते हैं,
और पर्दे के पीछे बस अपने हित के लिए घात करते हैं!

परोपकार के आवरण में
भलाई के प्रकरण में
अपने स्वार्थ में ही सदा नीहित रहते हैं
जो अपनी मंशा छिपाकर,
सर्वहित की बात चलाकर
अपने हित तक ही सीमित रहते हैं
वैसे लोग जनहित की बात, भला क्या सोचेंगे?
जिस हित से उनका अपना हित, जुड़ा ही न हो!

निश्चय ही
नीतिगत शान के आंगे

60. Selflessness

People who talk of
Public welfare
With a motive
Are the people who
Cheat others in
The name of modernity
Talking of social service
Somehow they
Grind their axe
In the garb of big lectures on social evils
They hide their real motive
Hardly they look beyond their nose!
Welfare, my foot!
They have something
Selfishness to trap
Always.

झूठे परिधान के आगे
व्यक्तिगत पहचान की छवि
धूमिल दिखलाई दे रही है
क्योंकि,
दूसरों के लिए निःस्वार्थ हित की खुश्बू
अपने फ़ायदे की वादियों में
कहीं खो गयी है!

Definitely
In the name
Of principled glory, false identity
The real self lie blurred
The personal identity
The programme of selfless service
Is lost in the valley of selfish motive.

61. आधुनिकता

आधुनिकता को परिभाषित करना
मेरा लक्ष्य नहीं,
उसका गुणगान भी उद्देश्य नहीं!
आसपास बिखरी रचनाएँ
सारे संसार में भरी पड़ी हैं—
न्यूटन, एडिसन, मारकोनी
रॉईट से क्यूरी तक
सब के सब उत्तम 'ब्रेन' हैं
बेतार का तार, बल्ब, कार वग़ैरह-वग़ैरह
सब पृथ्वी को इन्हीं की देन हैं

पर,
क्यों वैसा एक भी बाण नहीं बना पाए तुम?
जिसे छोड़कर
धरती को फाड़कर
अर्जुन ने जल निकाला था?
क्लोन कर समरूप आदमी बनाने की
गाथा तो कहते हो, पर
कुश को मंत्रित कर जुड़वा बनाने की
क्षमता क्या रखते हो?
स्विच से बल्ब तो जला सकते हो
पर राग से चिराग़ जला सकते हो?
डिश एनटीना द्वारा
सारे संसार में टेलिविजन देख सकते हो

61. Modernity

Defining modernity
Or praising is sky-high is not my goal.
Newton, Edison, Marconi
Wright and Madam Curie-
Agents of modernity
Have gifted humanity
With brilliant facilities
But why at all could you
Not invent an arrow like Arjun's
Which could dig water out of the ground?
Your claim of cloning a man:
What about raising a twin out of the sheer mantra fona?
You can switch on a bulb, of course,
But lighting a lamp with a raga:
Is it possible for you?
Can your disc antenna match
The matchless and graphic depiction of the

पर संजय की तरह
महाभारत के युद्ध का
सचित्र वर्णन कर सकते हो?
कटे हाथ-पैर जोड़ने का दंभ तो भरते हो
पर जरासंध के अलग-अलग दो टुकड़े शरीर को क्या तुम
जोड़ सकते हो?

Mahabharata war by Sanjay?
Can you claim of pulling limbs together through surgery
Match the putting together of
Two pairs of Jarasandha's body?

62. प्रकृति

मैंने कभी नहीं चाहा
कि
ज़्यादा जानूँ
तुम्हारे बारे में
और
उतना ही सुना
जितना तुमने बतलाया
अपने बारे में!

क्योंकि,
व्यक्तित्व को
जानना-समझना ज़रूरी है,
न कि सिर्फ कुरेदना!
तथ्यों पर ज़ोर आजमाइश होनी चाहिए
ना कर कोरी संवेदना!

ज़ेहन का विस्तार
मेरी संस्कृति में है
न कि छिछड़ापन
मेरी प्रकृति में है!

62. Nature

Never did I wish
To know more about you
And I heard what you chose to tell me
Because it is important
To know and understand the person
And not to poke them
Facts are to be tested
Not the plain sensitivity
Extension of myself
Is the key mantra of my culture
Narrowness is not in my nature

63. किताब ज़िन्दगी की

ज़िन्दगी सिर्फ़
काग़ज़ों पर जीना नहीं होता
उसके लिए
व्यावहारिक ज्ञान और
रेखांकित प्रयास की
ज़रूरत होती है

तालीम की ईंट
शुरूआती नींव तो दे सकती है
पर समुचित मज़बूत ढाँचा
और कुशलता की इमारत
तभी खड़ी हो पाती है,
जब प्रयास का अनुपात सही हो
परन्तु,
जीवन-यापन के लिए
इतना ही पर्याप्त नहीं होता
कुछ और सम्भावनाएँ तलाशनी होती है
मसलन—
दीवारों पर मेहनत का तैलीय रंग
ज़मीन पर अहमियत का फर्श
और रोशनदान से आती तर्जुबें की रोशनी
ताकि हर दिन एक नई सुबह आए
और ज़िन्दगी की किताब में
एक सार्थक पन्ना
हर दिन जुड़ता जाए!

63. The Book of Life

The book of life is not just to survive on papers
Practical preliminary knowledge is a must
The brick of education
Can lay the foundation
But the strong structure
And the building of skill can stand tall
When the proportion of trial is right
But this is not enough for life
Some more probabilities are to be traced
For instance
The oil paint of hard work on the wall
The floor of uncertainty
And the light of experience
From the ventilator
So that a new dawn descends every morning
And a meaningful page is added
In the book of life.

□□